*Giulia Castelli Gattinara*

# 111 luoghi di Milano che devi proprio scoprire

*Fotografie di Mario Verin*

111



emons:

Progetto grafico: Eva Kraskes, da un'idea
di Lübbeke | Naumann | Thoben
Cartografia: altancicek.design, www.altancicek.de
Informazioni di base sulle mappe: Openstreetmap,

Stampato presso: Grafisches Centrum Cuno, Calbe
Printed in Germany 2015
ISBN 978-3-95451-622-3

www.emonsitalia.it
Distribuito da
Emons Italia Srl
Via G. Dezza 11a
00152 Roma

# Premessa

Ambiziosa, modaiola, creativa in tutti i campi, è la "Milano da bere" che di giorno lavora come una matta e la sera ha una gran voglia di divertirsi, tra un aperitivo a Brera, il quartiere degli artisti, e un menu chic 'n quick sui Navigli, quelli progettati anche da Leonardo da Vinci. Milano è snob e tradizionalista, si veste in lungo per una "prima" alla Scala, ma è abbastanza ironica da commissionare al più trasgressivo degli artisti una scultura irriverente davanti al palazzo della Borsa. Capitale della finanza, colta, elegante, esclusiva nei salotti privati, dà il meglio di sé quando diventa vetrina internazionale della moda e del design. In pochi anni ha cambiato lo skyline con un Bosco Verticale di 26 piani e ha portato la Madonnina dalle guglie del Duomo anche sulla cima del grattacielo più alto. Sorprendente e bizzarra come le facciate liberty dei suoi palazzi, ospita ancora i fenicotteri nel giardino di casa e ha trasformato un hangar industriale in un'officina d'arte contemporanea. Alla ricerca di una vita eco-solidale in cascina, ama bere comunque il Camparino in Galleria. Mai banale, basta un colpo d'occhio per vederla tutta, ma custodisce segreti dietro le quinte di un teatro o nel caveau di una banca. Una città riservata che non ama mostrarsi, da scoprire passo dopo passo.

# 111 luoghi

MONLUE'
UN
NELLA
STORIA

# 1 770

*La casa del rabbino*

Non è un numero della Cabala ebraica, anche se l'atmosfera che evoca è quella. La curiosa storia della Casa 770 nasce dall'abitazione in stile fiammingo situata al civico 770 di Eastern Parkway nel distretto di Brooklyn, New York.

Insomma un posto molto lontano da qui e, soprattutto, che non c'entra niente con l'architettura nordica delle case tipicamente olandesi. Però gli americani, si sa, sono eclettici ed essendo un popolo di recente formazione, pescano qua e là dalla vecchia Europa gli stili che più gli piacciono. Insomma, hanno bisogno di un po' di storia. Oppure, come in questo caso, la scelta di questa abitazione tradizionalmente europea da parte di una famiglia di ebrei ortodossi, i Lubavitcher, originari della Bielorussia ed emigrati negli Stati Uniti, è servita per non far sentire spaesato il rabbino Joseph Isaac Schneerson, costretto ad attraversare l'oceano nel 1940 per sfuggire alla persecuzione nazista.

Col tempo la casa-sinagoga del rabbino divenne un punto di riferimento per la comunità ebraica di orientamento hassidico, simbolo d'impegno e luogo d'incontro. Tanto che negli anni successivi la facoltosa famiglia Lubavitcher decise di costruire altre case 770 in altre città del mondo, riconoscibili proprio per il loro aspetto esteriore: tre torrette di mattoni rossi con il tetto a cuspide, l'ingresso centrale sovrastato da un piccolo balcone a baldacchino, la fascia decorativa di marmo alla base del primo ordine di finestre, insomma tante repliche della casa di Brooklyn.

In realtà, sparse per il mondo oggi ce ne sono solo dodici: qualcuna con un grande giardino, come la casa di Montreal in Canada e quella di Melbourne in Australia, altre strette fra palazzoni moderni, per esempio la replica a San Paolo in Brasile.

Ovviamente non manca la Casa 770 a Gerusalemme, ma l'unica in Europa è questa a Milano, che svolge tuttora la sua funzione di sinagoga.

**Indirizzo** Via Carlo Poerio 35, 20129 | **Mezzi pubblici** Porta Venezia (M1 Rossa); Bixio (tram 23) | **Un suggerimento** A fianco della Casa 770, c'è la targa che ricorda la villa dei coniugi Rollier (valdesi) dove il 27 agosto 1943 si tenne il convegno fondativo del Movimento Federalista Europeo. Presenti numerosi antifascisti, colleghi universitari di Mario Rollier, tra cui Franco Venturi, Altiero Spinelli, Ernesto Rossi, Leone Ginzburg e Willy Jervis.

# 2 Abbazia di Chiaravalle

*Il canto della ciribiciaccola*

Si trova un po' fuori città, immersa nella pianura nebbiosa con le cascine e le balle di fieno arrotolate. È magnifico il contrasto tra la superba architettura dell'abbazia e il paesaggio agreste del Parco Agricolo Sud, i cui prodotti si possono acquistare nella bottega dei frati.

La storia dell'abbazia di Chiaravalle comincia "nell'anno di grazia 1135", come è scritto all'interno della chiesa, per opera di un gruppo di monaci francesi, devoti all'ordine di Cîteaux, che decise di bonificare queste paludi. Oggi i milanesi gliene sono grati, benché non dimostrino la stessa alacre operosità dei frati cistercensi, a giudicare dall'incuria e dall'erba alta che invade i vecchi canali irrigui. L'atmosfera cambia quando si varca il cortile del monastero, come se le mura sprigionassero un che di spirituale e antico al quale non ci si può sottrarre.

L'interno della chiesa è monumentale, come le possenti colonne di mattoni che sostengono la navata centrale. Arrivarci alle 6:00 del mattino (ci vuole un po' di coraggio), vuol dire immergersi in una dimensione sacra d'altri tempi, amplificata dal primo canto delle lodi che proviene dal coro. I monaci sono seduti negli stalli del Seicento tutti intarsiati in legno di noce scuro, opera del maestro lombardo Carlo Garavaglia.

Oltre il transetto, le pennellate dei fratelli Della Rovere, detti Fiammenghini, attivi a Milano nella seconda metà del Cinquecento, raccontano la storia dell'ordine monastico fondato da san Bernardo. Ecco perché si chiama *Bernarda* la prima campana di bronzo montata col sistema ambrosiano, che risuona in cima alla torre Nolare. Un campanile che si poteva vedere da molto lontano, talmente esagerato negli intarsi, nei fregi e negli orpelli decorativi che il popolo gli assegnò il soprannome di *Ciribiciaccola* e inventò la seguente filastrocca: "C'è una ciribiciaccola con cinquecentocinquantacinque ciribiciaccolini...", vero scioglilingua.

**Indirizzo** Via Sant'Arialdo 102, 20139 – tel. 0257403404 | **Mezzi pubblici** Corvetto (M3 Gialla + bus 77) | **Orari** Mar-sab 9-12/14:30-17:30, dom 14:30-17:30 (domenica visita guidata gratuita alle ore 16) | **Un suggerimento** In via San Dionigi 6, si trova una statua del Cristo Redentore, chiamata confidenzialmente "El Signurun de Milan", messa lì per benedire l'ingresso in città dei pellegrini che venivano dall'abbazia.

# 3 L'Acquario civico

*Il padiglione liberty del mare*

Abituati agli ambienti spettacolari degli acquari moderni, Genova in testa, il vecchio padiglione del 1906, costruito in occasione dell'Esposizione Internazionale di Milano, fa quasi tenerezza.

La vasca più grande ha una misura davvero modesta se paragonata ad altri musei contemporanei, benché i tre anni di restauro avviati nel 2003 abbiano dotato l'istituto di un sistema adeguato ai tempi per continuare a svolgere la vocazione didattica a cui i milanesi sono molto affezionati, come si può vedere dalle scolaresche che lo frequentano.

Si tratta infatti del terzo acquario storico più antico d'Europa ed è giusto visitarlo con il riguardo che si conviene a un reperto archeologico, senza togliere nulla all'aspetto divulgativo, pensato in senso moderno, che riproduce i diversi ecosistemi acquatici italiani, dal torrente alpino fino al mare Mediterraneo, con un percorso ad anello dove si può scegliere se lasciarsi trasportare giù dalla corrente o risalirla come fanno i salmoni.

C'è l'ambiente del Lago di Como, l'argine del Po e perfino il relitto di una petroliera inabissata, ma ciò che rende questo edificio diverso dagli altri è lo stile, in perfetto liberty viennese. L'unico, a differenza degli altri padiglioni dell'allora Expo, destinato a durare nel tempo.

Nel progetto originario, infatti, già si sapeva che avrebbe ospitato il mondo sottomarino e per questo l'architetto Sebastiano Locati volle abbellirne le facciate arricchendole di bassorilievi in cemento decorativo inerenti al tema dell'acqua. A distanza di tanti anni è quasi più bello da fuori, questo acquario. Conviene percorrere il periplo esterno dell'edificio e soffermarsi a osservare i pesci, i polipi, i crostacei che occhieggiano tra fregi e lesene. Un singolare zoo di cemento circondato dagli alberi del parco Sempione, con all'ingresso la fontana di Nettuno sovrastata da una testa di elefante che spruzza l'acqua con la sua proboscide.

**Indirizzo** Viale Gerolamo Gadio 2, 20121 – tel. 0288445392, www.acquariocivicomilano.eu | **Mezzi pubblici** Lanza (M2 Verde; tram 2, 12, 14; bus 57, 61) | **Orari** Mar-dom 9-13, 14-17:30 | **Un suggerimento** All'interno del parco, accanto all'arena, si trova la cosiddetta Fontana dell'acqua marcia (in stato di abbandono) di forma ottagonale. L'acqua era ricca di manganese e di zolfo, e i milanesi le attribuivano proprietà miracolose per la guarigione dei malati.

# 4 L'Ambrosiana

*La biblioteca "democratica" del Cardinale Borromeo*

Da *Il nome della Rosa* di Umberto Eco a *Il Codice da Vinci* di Dan Brown, nell'immaginario collettivo una biblioteca come l'Ambrosiana si presenta come luogo ideale di intrighi. Eppure la sua storia è diversa.

Qui il cardinale Federico Borromeo aprì per la prima volta a tutti (oggi le cose sono cambiate) il sapere secolare della Chiesa. Sguinzagliò dodici apostoli in giro per l'Europa, dalla Grecia alle Fiandre, ad acquistare i libri più rari e preziosi, che ancora occhieggiano dagli antichi scaffali di legno, con la copertina di pelle e il titolo dorato inciso sul retro.

Per raggiungere la Sala Federiciana bisogna attraversare la Pinacoteca e conviene buttarci un occhio, non per nulla si cammina tra i quadri di Raffaello, Caravaggio, Tiziano, Leonardo, Brueghel e altri illustrissimi pittori.

La biblioteca venne inaugurata nel 1609 per la città "Ambrosiana", aperta alla pubblica lettura. Nelle sue sale, il cardinale progressista, citato dal Manzoni, riceveva i dotti ospiti per discorrere. Facile immaginare lo stupore di quegli eminenti studiosi di fronte alle migliaia di volumi rarissimi, frutto di viaggi lunghi e perigliosi, come i versi di Plauto (II secolo a.C.) trascritti in frammenti del V secolo e il Vangelo in gotico del vescovo ariano Ulfila scritto agli albori della Cristianità (IV secolo). Trattati di alchimia, filosofia, medicina, codici miniati e incunaboli del Quattrocento appena usciti dalle stamperie di Venezia. Ci sono Aristotele con i commenti a margine di Boccaccio e Virgilio miniato da Simone Martini con le annotazioni del Petrarca.

Nel 1943 la sala bruciò come la biblioteca di Alessandria perdendo molte "cinquecentine", ma la gran parte dei volumi si è salvata ed ora è consultabile attraverso le piattaforme digitalizzate, meno romantiche ma tanto utili. Così è per il preziosissimo Codice Atlantico di Leonardo da Vinci che si sfoglia su un touch screen.

**Indirizzo** Piazza Pio XI 2, 20123 – tel. 02806921, www.ambrosiana.eu | **Mezzi pubblici** Cordusio (M1 Rossa); Duomo (M3 Gialla); Cordusio (tram 2, 12, 14, 16, 27) | **Orari** Mar-dom 10-18 | **Un suggerimento** La chiesa di San Sepolcro (IX sec.) nella piazza alle spalle della biblioteca venne ricostruita dopo la Prima crociata (alla fine dell'anno Mille) a imitazione del Santo Sepolcro di Gerusalemme. Esistono degli schizzi di Leonardo che la ritraggono.

# 5 Archivio Giovanni Sacchi

*Il designer e l'artigiano*

Non c'era location migliore per l'archivio di un artigiano le cui mani hanno realizzato i modelli di componenti d'arredamento poi divenuti oggetti cult. Dal rivoluzionario telefono "Grillo" disegnato da Marco Zanuso per Siemens, alla celebre macchina da cucire "Mirella" di Marcello Nizzoli per Necchi, che nel 1957 vinse il prestigioso Compasso d'oro.

Invenzioni divenute familiari, che a partire dagli anni Sessanta hanno abbellito la quotidianità delle case italiane, e non solo. Una sinergia creativa tra progettista e modellista, quando il designer e l'artigiano costruivano e valutavano insieme l'opera

Ad accogliere questo straordinario archivio è lo spazio MIL, acronimo di Museo dell'Industria e del Lavoro. All'ingresso alcune vetrine contengono pezzi dell'artigiano, ma bisogna salire al primo piano dove è ricostruito il vecchio laboratorio e farsi aprire due stanze un po' segrete, per scoprire il vero tesoro della collezione Sacchi: 400 modelli di legno e 8.000 disegni.

A prima vista sembra la bottega di un vecchio rigattiere, con gli oggetti ammucchiati in apparente disordine sugli scaffali degli armadi male illuminati. Accatastati come tanti giocattoli abbandonati, benché ciascun pezzo meriterebbe, da solo, una vetrina al MoMA di New York.

Per rendersene conto basta leggere il grande pannello appeso all'ingresso dove ci sono gli autografi originali di tutti i clienti della falegnameria: Achille Castiglioni, Aldo Rossi, Ettore Sotsass, Gae Aulenti, Makio Hasuike, Mario Botta e molti altri, praticamente la storia del design dal dopoguerra al 1997, quando il laboratorio Sacchi chiuse bottega. Nel parco esterno troneggia ancora il carroponte dell'Ansaldo, la fabbrica siderurgica che qui aveva la sua sede.

Fa un certo effetto il contrasto tra i pesanti pezzi di ferro, fino a 20 tonnellate, che arrivavano alla fonderia e quelli infinitamene piccoli di una caffettiera Alessi.

**Indirizzo** MIL-Archivio Sacchi, via Granelli 1, 20099 Sesto San Giovanni (MI) – tel. 0236682271, www.archiviosacchi.it | **Mezzi pubblici** Bignami (M5 Lilla), Sesto Rondò (M1 Rossa) | **Orari** Mar-ven 10-18 | **Un suggerimento** Nel parco esterno c'è ancora una locomotiva Breda del 1906 e il Muro delle voci, opera sonora (per azionarla rivolgersi ai custodi del museo) che emette le voci registrate di migliaia di operai al lavoro al tempo della fabbrica.

# 6 L'artista irriverente

*Davanti al palazzo della Borsa*

Molto ha fatto discutere, c'era da aspettarselo, la scultura di Maurizio Cattelan in piazza degli Affari, installata il 24 settembre 2010. Le cronache cittadine dei giornali, dal *Corriere della Sera* a *la Repubblica*, si sono scatenate in commenti sarcastici e interviste tra difensori e detrattori a confronto.

Va bene tutto, si sono detti i benpensanti milanesi, mettiamoci pure il crack della banca americana Lehman Brothers, ma enfatizzare un gesto tanto volgare di fronte al Palazzo della Borsa, cuore della finanza italiana, questo è davvero troppo. Qui non si tratta di doppio senso, la provocazione è palese. D'altra parte si sapeva già, Cattelan è fatto così, semmai non bisognava chiederglielo.

La cosa più divertente sono stati i commenti in sua difesa. Ci sarebbe infatti un precedente nobile per spiegare il simbolismo della mano spezzata con l'unico dito medio teso verso l'alto: una statua classica dove un soldato romano saluta con la mano tesa priva di quattro dita. Anche l'acronimo del titolo getta benzina sul fuoco. L'opera si chiama *L.O.V.E.*, che sta per "amore", ma anche per "libertà-odio-vendetta-eternità"; è realizzata in marmo bianco di Carrara nei modi monumentali (11 metri) e stilistici del ventennio fascista.

Nonostante tutti ormai la chiamino "il dito", in riferimento al significato del poco elegante gesto, la mano mozzata rappresenterebbe un saluto fascista depotenziato, espressione del dissenso dell'artista nei confronti di quegli ideali. Quando fu inaugurata in occasione della mostra di Palazzo Reale il cui tema era "Contro le ideologie", il sindaco si giustificò affermando che si trattava di un'installazione temporanea, mentre qualcuno propose perfino di "nasconderla" nel cortile di un palazzo in attesa del nuovo museo di arte contemporanea. Lui, Cattelan, su questo punto è irremovibile: la scultura sarà lasciata in omaggio alla città solo se resterà lì dov'è. Intanto il tempo passa.

**Indirizzo** Piazza degli Affari, 20123 | **Mezzi pubblici** Cordusio (M1 Rossa); Dante/Meravigli (tram 16, 27) | **Un suggerimento** Al numero 12 di piazza Borromeo c'è l'antico palazzo della famiglia Borromeo in mattoni rossi (XIII sec.). Se si oltrepassa l'androne d'ingresso, si può ammirare il cortile d'onore in parte ancora affrescato da motivi geometrici come era uso a quel tempo.

# 7_Baladin

*La birra "open source"*

La culla di Teo Musso è il Piemonte, terra generosa di buon vino, ma parca di birra. Così Musso un giorno decise con la sua compagna di aprire una piccola osteria dove servire una birra gioiosa e artigianale come lui. Forse, oggi ammette, inizialmente non era un granché. Ma col tempo, a forza di perseverare, è diventato un vero mastro birraio.

La sua filosofia – lo dice il nome stesso, Baladin "saltimbanco" in francese – s'ispira al teatro di strada, quello degli amici del Cirque Bidon. Anche lui è un giramondo, e dal tendone-osteria di Piozzo, in provincia di Cuneo, dove nel 1996 tutto è cominciato, ha aperto tante nuove birrerie. In Italia, in Marocco, a New York per confrontare le idee, sperimentare e rinascere ogni volta in un luogo diverso.

Così lo stile Baladin è diventato una grande tribù. Con dei punti fermi da cui non si può prescindere. Il più importante è il legame con la terra madre, perché una buona birra parte da lì. Senza fare sconti sulla qualità, Baladin ha ormai raggiunto i tavoli della migliore ristorazione made in Italy, ottenendo nel 2014 il premio della migliore birra italiana artigianale.

Oggi conta trenta varietà di cui quattro open source, omaggio ai valori sociali e alla libera circolazione delle idee. Chi è interessato può visitare il sito internet e leggere per intero la ricetta. Chiare, scure, di ogni colore o spessore, aromatizzate al caffè o con una leggera influenza di cioccolato fondente, non c'è limite alla fantasia. Quindi per chi ama la birra, scendere le scale di via Solferino, una delle ultime Baladin nate in città, vuol dire concedersi alla seduzione della sete.

Sotto la volta in mattoni rossi, una ragazza anni '50, disegnata come un fumetto sulla parete, esprime la sua energia urlando a gran voce la scritta "vogliamo solo birra". È la "Milano da bere" del nuovo secolo, meno spregiudicata e più ecologica. Per questo è bello ritrovarsi qui.

**Indirizzo** Via Solferino 56, 20121 – tel. 026597758, www.baladin.it | **Mezzi pubblici** Repubblica (M1 Rossa); Moscova (M2 Verde); Monte Grappa/Gioia (tram 33) | **Un suggerimento** In via Adelaide Ristori 2, si trova l'altro locale Baladin: Bibendum, che aggiunge alla birra artigianale la degustazione di vini di qualità.

# 8_ Il Binario 21

*Il treno fantasma della Stazione Centrale*

C'è luogo e luogo della memoria: il memoriale della Shoah alla stazione centrale di Milano coinvolge senza ombra di dubbio, con la sua atmosfera umida e fuligginosa, carica di storia, di speranza, di dolore e di umanità. Proprio sotto le banchine dei binari, una galleria di cemento fa eco al rimbombare dei treni in arrivo e in partenza.

All'ingresso campeggia la scritta "INDIFFERENZA" incisa su una grande lastra d'acciaio, monito per scuotere le coscienze delle scolaresche che vengono numerose, di fronte ai temi purtroppo sempre attuali della miseria, dell'ineguaglianza e delle ingiustizie che si moltiplicano nel mondo.

Una lezione di storia di forte impatto emotivo, dove le voci di uomini, donne e bambini deportati rivivono nei documentari d'epoca proiettati sugli schermi. Nel corridoio sotterraneo del cosiddetto "binario 21", nascosti da occhi indiscreti si formavano i convogli che portavano senza fermate intermedie ai campi di concentramento: Auschwitz, Mauthausen, perfino Bolzano. Il binario non esisteva perché quella era l'area di manovra del servizio postale, sotto la piattaforma dei binari comuni. Qui, dal '43 partivano vagoni carichi non solo di sacchi di iuta con le lettere, ma di persone. Oggi si può ancora vedere il montacarichi che sollevava le carrozze blindate col lucchetto fino alla piattaforma superiore degli attuali binari, da dove il treno "merci" partiva, tragico e rabberciato come quello che si vede qui oggi.

Nel ridefinire architettonicamente gli spazi, lo studio Morpurgo de Curtis ha tolto le trasformazioni del dopoguerra riportando alla luce la struttura originaria della stazione sotterranea, che in realtà è all'altezza del piano stradale. Nonostante la memoria dell'Olocausto, ne ha fatto un luogo bello, di riflessione, di umanità, che combina il vuoto dell'indifferenza con il pieno della speranza. Mancano ancora la biblioteca, il centro studi e soprattutto i soldi per terminarlo e farne uno spazio aperto e vivo della città.

Indirizzo Via Ferrante Aporti (Piazza Edmond J. Safra), 20146 – tel. 022820975, www.memorialeshoah.it | Mezzi pubblici Stazione Centrale (M2 Verde, M3 Gialla); Luigi di Savoia (bus 90, 92); Duca d'Aosta (bus 60, 81) | Orari Visite in calendario (sul sito www.facebook.com/MemorialedellaShoah), o su prenotazione (coordinamento.memoriale@memorialeshoah.it) | Un suggerimento In via Ferrante Aporti (ang. piazza Luigi di Savoia) c'è il palazzo degli anni Venti delle Regie Poste costruito da Ulisse Stacchini. All'esterno si legge ancora la scritta *Regie Poste*.

# 9_Il Bosco Verticale

*Green metropolitano*

In una città con poche aree verdi, lo Studio Boeri ha avuto un'intuizione geniale: inventare un "bosco verticale". Due torri di 78 e 111 metri, rispettivamente di 18 e 26 piani, con i balconi piantumati che sembrano delle fioriere.

Ogni terrazza ha il suo albero e tutte insieme formano una foresta. 900 specie diverse, dichiarano le biologhe che hanno curato il progetto e scelto con cura l'esposizione delle piante in relazione al versante del grattacielo.

Si aggiungano 5.000 arbusti e circa 15.000 varietà perenni, tra rampicanti e piante da fiore. Insomma, un'arca della biodiversità con mandorli, ciliegi, frassini, ontani... ma viene da chiedersi, che cosa ci si aspetta dal padrone di casa? Perché finché si tratta di un leccio o di un ulivo va ancora bene, ma se un albero muore, vallo a trovare un susino Regina Claudia.

Nessun problema, perché abitare qui vuol dire entrare a far parte di un progetto comune e affidarsi a un team di giardinieri e biologi. Pare che non si possa aggiungere neppure una pianta di rosmarino in balcone.

L'irrigazione è centralizzata, quindi l'inquilino può andare in vacanza senza ansia. C'è però da augurarsi di non trovare al ritorno la casa invasa dalle coccinelle, dato che la lotta ai parassiti è tutta biologica, insetti contro insetti. Il lancio inaugurale di 1.200 coccinelle contro gli afidi è già avvenuto, poi, a seconda della stagione, sarà la volta delle farfalline, dei pipistrelli, ecc.

Piaccia o no, questo è il nuovo modo di concepire il verde metropolitano. Col vantaggio, oltre che per gli occhi, di un'aria più pulita grazie all'ossigeno emesso delle piante. "Staremo a vedere", dicono gli ideatori del progetto, visto che è il primo esperimento. Nel frattempo, lungo la passeggiata delle Varesine i bambini si fermano con il naso all'insù. In autunno c'è da aspettarsi una pioggia di foglie arancioni al primo alito di vento.

**Indirizzo** Via Gaetano de Castillia, 20124 | **Mezzi pubblici** Gioia e Garibaldi (M2 Verde); Garibaldi (tram 33; bus 37) | **Un suggerimento** Al numero 28 della stessa strada, in una palazzina dei primi Novecento c'è la sede della Fondazione Riccardo Catella all'interno della quale si trova uno dei più raffinati ristoranti milanesi, il Ratanà (tel. 0287128855, www.ratana.it).

# 10 Il busto di Scior Carera

*La voce del popolo*

A Roma si chiama Pasquino, a Milano *El Scior* (il signor) *Carera*, ma in sostanza è la stessa cosa. Ogni città ha il suo busto romano più o meno mutilato dove la gente del popolo lasciava anonimi bigliettini con proteste, lamentele, motti e ironici sberleffi solitamente di carattere politico, rivolti ai sovrani che governavano in modo iniquo la città.

Nel via vai affollato sotto i portici accanto alle vetrine di Zara, la statua virile del III secolo passa inosservata, addossata all'ingresso del civico n.13, e quasi quasi potrebbe sembrare il portiere dell'elegante palazzo. Togato, immobile, silenzioso, "l'uomo di pietra" come anche viene chiamato è il testimone più informato di ciò che succede nei paraggi.

L'epigrafe alla base recita "Carere debet omni vitio, qui in alterum dicere paratus est" (deve essere privo di ogni vizio chi si prepara a parlare contro qualcuno), ma la gente semplice non conosceva il latino e scambiò Carere per il nome del personaggio. Chi fosse costui e dove originariamente fosse collocato, nessuno lo sa.

La scultura venne spostata più volte, e anche il volto nei secoli venne modificato. Le statue romane sono infatti composte di più parti, per esempio la faccia veniva scolpita da un artigiano specializzato e unita al resto in seguito. Nell'alto Medioevo si è pensato bene di sostituire l'effige (oggi perduta), che probabilmente raffigurava un alto magistrato romano ai tempi di Cicerone, con quella dell'arcivescovo Adelmanno Menclozzi.

Questo è niente rispetto a ciò che accadde nel 1848 durante le cinque giornate di Milano, quando i milanesi si ribellarono all'Austria mettendo sotto sopra la città. Lì veramente il scior Carera acquisì agli occhi del popolo tutta la sua levatura morale diventando il portavoce della sommossa. Ogni mattina ai suoi piedi comparivano parole di giustizia e libertà sotto forma di messaggi scritti nella notte dai suoi concittadini.

**Indirizzo** Corso Vittorio Emanuele 13, 20122 | **Mezzi pubblici** Duomo e San Babila (M1 Rossa, M3 Gialla); San Babila (bus 54, 61); Durini (bus 60, 73) | **Un suggerimento** In via Santa Radegonda 16, non bisogna assolutamente mancare la tappa da Luini Panzerotti, storico panificio rosticceria (dal 1888) dove c'è sempre la fila per gustare i famosi panzerotti caldi ripieni, ottima soluzione per uno spuntino di mezzogiorno (lun 10-15, mar-sab 10-20).

# 11_Ca' de Ciapp

*Le scostumate signore della Clinica Columbus*

Questa sì che è una storia divertente. Le scostumate sculture femminili, tolte da un elegante palazzo in corso Venezia perché troppo discinte e seducenti, indovinate dove sono finite? Proprio sulla facciata, anche se laterale, della pia clinica Columbus ispirata ai principi delle missionarie del Sacro Cuore di Gesù. Uno di quegli istituti di cura dove la prima stanza che incontri è la cappella, e i muri hanno rigorosamente il crocifisso appeso in ogni sala.

Davvero una burla del destino, cominciata all'inizio del secolo scorso quando un ricco imprenditore, Ermenegildo Castiglioni, chiese a uno degli architetti più in voga, Giuseppe Sommaruga, di progettare la propria residenza nel centro di Milano. Il committente voleva un palazzo diverso dal solito, che infatti, una volta ultimato, divenne il "manifesto" dell'Art Nouveau milanese.

Realizzato con bugnato grezzo per riprendere gli elementi naturalistici tipici del nuovo stile e un'infinità di altre decorazioni in stucco, aveva, dulcis in fundo, due sculture femminili semi svestite sopra il portale della facciata, opera di Ernesto Bazzaro. Queste, nel contesto di una delle strade più aristocratiche della città, suscitarono un vero e proprio scandalo. Tanto che il palazzo fu subito chiamato dal popolino la *Ca' de Ciapp* (casa delle chiappe).

Finché nel 1914 le procaci dame vennero rimosse e spostate a villa Romeo Faccanoni, in zona Fiera, anch'essa progettata dal Sommaruga, dove oggi stanno in bella mostra sul lato destro che guarda il giardino.

Per quanto simboleggiassero una la Pace e l'altra l'Industria, le loro contorsioni hanno un che di audace e mostrano, effettivamente, le chiappe nude a chi vi cammina sotto.

Ma oggi, per vederle, bisogna per l'appunto entrare nel grazioso parco, dove si possono ammirare anche altre più innocenti delizie liberty: farfalle, api e altri fregi in ferro battuto che decorano lampioni e ringhiere.

Indirizzo Via Michelangelo Buonarroti 48, 20145 | Mezzi pubblici Buonarroti (M1 Rossa); Giulio Cesare (bus 68) | Un suggerimento Palazzo Castiglioni da cui furono tolte le sculture femminili è in corso Venezia 47. Oggi è sede dell'Unione Commercianti. All'interno c'è uno scalone monumentale e la sontuosa Sala "dei pavoni" ricca di fregi e decorazioni policrome.

# 12_Ca' dell'Oreggia

*L'orecchio citofono*

In dialetto è conosciuta come *Ca' dell'Oreggia* che significa "casa dell'orecchio", in riferimento al citofono in bronzo fuso disposto a fianco del portone d'ingresso. Per realizzarlo venne chiamato lo scultore Adolf Wildt, specializzato in padiglioni auricolari, ma come sia venuta in mente un'idea del genere all'architetto Aldo Andreani, progettista del palazzo, è un mistero. Fatto sta che il bronzeo orecchio suscitò, inevitabilmente, numerose storielle popolari.

La leggenda più simpatica vorrebbe che, avvicinando le labbra e bisbigliando un desiderio senza farsi notare troppo, questo si avveri. Una proprietà magica che l'orecchio avrebbe acquisito solo dopo aver cessato di svolgere la funzione per la quale era stato inventato, di campanello-citofono comunicante con la portineria di casa Sola-Busca. Tra l'altro uno dei primissimi in città, vera diavoleria tecnologica.

Certo che gli anni tra le due guerre erano tempi in cui gli architetti a Milano si divertivano, e parecchio. Questo stile viene chiamato "eclettico": un'etichetta con la quale si tenta di definire un linguaggio architettonico piuttosto sfuggente.

È il periodo in cui le facciate dei palazzi si riempiono di figure bizzarre e gli architetti spaziano con grande libertà e godimento tra citazioni medievali, classicheggianti e liberty in un melting pot di epoche e di culture diverse, come si può vedere anche in altri edifici lì vicino, da Palazzo Castiglioni in corso Venezia 47 a Casa Berri-Meregalli in via Cappuccini. Andreani aveva una formazione classica, un'assoluta padronanza della storia dell'architettura, si era laureato al Politecnico di Milano, conosceva perfettamente il movimento razionalista, l'avanguardia, e i suoi riferimenti erano Giulio Arata e Giuseppe Sommaruga.

Ma, da vero artista, la sua poetica visionaria lo induceva a giocare in modo spregiudicato e libero, fino a che il committente glielo permetteva.

**Indirizzo** Via Gabrio Serbelloni 10, 20122 | **Mezzi pubblici** Palestro (M1 Rossa); Monforte Donizetti (bus 54, 61) | **Un suggerimento** In via Mozart angolo Luigi Melegari c'è Palazzo Fidia. Un edificio talmente originale che dei quattro in progetto, Andreani terminò solo il primo. I restanti tre vennero assegnati ad altri architetti i quali ripresero alcuni elementi stilistici di Andreani e li rielaborarono realizzandoli in modo più sobrio.

# 13 Ca' Granda

*A lezione nei cortili della Statale*

*Ca' Granda* sta per "casa grande", come veniva chiamato l'Ospedale Maggiore progettato nella seconda metà del Quattrocento dall'architetto fiorentino Filarete. Uno dei primi edifici rinascimentali che nel Nord Italia ha inaugurato un nuovo stile. Inutile dire che a volerlo era stato Francesco Sforza, il duca di Milano a cui la città deve molte opere.

Oggi nella grande casa ci vanno gli studenti dell'Università Statale e le stanze dei malati sono diventate aule didattiche. L'esterno invece è rimasto com'era, con l'elegante successione di finestre, archi e bifore in cotto decorato che si affacciano su via Festa del Perdono. Fantastica combinazione di rigore fiorentino (allora all'avanguardia) e gotico lombardo. Un esempio sono le teste di marmo che sporgono, incastonate tra gli archi delle finestre, alcune anche molto divertenti come la donna che sembra mettersi le mani nei capelli dallo spavento, forse per l'annuncio di una disgrazia.

Nel *Trattato di architettura* scritto tra il 1460 e il 1464, il Filarete spiegava molto bene il suo progetto, secondo la sobria razionalità rinascimentale, ma non riuscì a concludere i lavori. Questi in seguito presero altre vie concedendo al gusto nordico una certa ricchezza decorativa. Gli studenti non ci fanno più caso, ma il cortile d'onore "Richini", scandito da due ordini d'arcate, impressiona per la monumentalità.

Se non fosse per la severità delle linee, apparirebbe più simile a una reggia che a un ospedale. Confondendosi tra i ragazzi, si passeggia verso il dipartimento di Storia e Filosofia attraversando uno dopo l'altro i quattri chiostri del Filarete. I primi, chiamati "della Ghiacciaia" e "della Legnaia" in riferimento ai resti di epoca romana rinvenuti, sono stati ricostruiti dopo i bombardamenti della Seconda guerra mondiale, mentre quelli sul lato occidentale, il cortile "dei Bagni" e "della Farmacia", sono ancora quelli originali del Quattrocento.

**Indirizzo** Via Festa del Perdono 7, 20122 | **Mezzi pubblici** Cordusio (M1 Rossa), Missori e Crocetta (M3 Gialla); Romana/S.Sofia (tram 16, 24), Vittoria (tram 12, 23, 27; bus 60, 73, 84); Sforza/Andreani (bus 77, 94) | **Un suggerimento** Nella cripta di Santa Maria Annunciata (ingresso dal cortile Richini della Statale) vennero seppelliti i patrioti morti durante la rivolta delle cinque giornate di Milano, poi spostati nel mausoleo in piazza Cinque Giornate. Si leggono ancora i nomi sulle pareti.

# 14_Il Cannocchiale

*Da arco ad arco in un solo colpo d'occhio*

I milanesi lo chiamano il Cannocchiale, si tratta dell'asse prospettico che attraversa Parco Sempione dall'Arco della Pace fino al Castello Sforzesco. Una visione particolarmente suggestiva da qualsiasi direzione la si osservi. A sud, la successione dei portali medioevali entro cui l'occhio si infila è più serrata. A nord, c'è il monumentale arco neoclassico, opera di Luigi Cagnola, che scintilla di splendore marmoreo. La domenica si riempie di famiglie a passeggio, anche per via della posizione centralissima che permette di raggiungere i giardini da ogni lato della città.

È una tradizione che sotto l'arco i padri raccontino ai figli la complicata storia del Risorgimento Italiano. Qui, nel 1859 passarono a cavallo l'imperatore francese Napoleone III e il futuro re d'Italia Vittorio Emanuele di Savoia dopo la gloriosa battaglia di Magenta. Ma in realtà il monumento non è stato voluto da loro. La sua costruzione, che risale al 1807, aveva lo scopo di celebrare le vittorie napoleoniche.

La storia andò diversamente e l'arco di trionfo finì con l'onorare la pace raggiunta nel 1815 tra Italia e Austria dopo il Congresso di Vienna. L'enfasi dell'evento è esaltata dalla pregevole sestiga in bronzo in cima al monumento firmata dallo scultore Abbondio Sangiorgio. Inizialmente i sei cavalli erano orientati a nord, verso la Francia, ma poi, visto il mutare degli eventi, vennero posizionati nella direzione opposta.

Comunque, di tutta la lunga storia, alla fine i bambini ricordano solo la curiosa prospettiva. Il Cannocchiale resta un formidabile colpo d'occhio che attraversa la città e i suoi secoli, dall'antico ducato degli Sforza alla trionfale arcata neoclassica, percorsa dagli eserciti francesi.

Anche se sarebbe bello, e ai bambini questo piacerebbe moltissimo, poter veder galoppare attraverso il parco i cavalieri medioevali coi loro stendardi e le loro pesanti armature, usciti dal Castello Sforzesco.

**Indirizzo** Largo Benedetto Cairoli (sud), piazza Sempione (nord), 20154 | **Mezzi pubblici** Cairoli-Castello (M1 Rossa; tram 1); Arco della Pace (tram 1, 19) | **Un suggerimento** In mezzo al parco (via Cervantes) c'è il padiglione anni '50 con la biblioteca civica dove fermarsi a leggere. Decorazioni dell'artista Bruno Munari (orario mar e gio 9:30-14:30, mer e ven 14-19, sab 10:30-18:30).

# 15_La Casa degli Omenoni

*Se il padrone di casa è amico di Michelangelo*

Sono sei le statue maschili sulla facciata del palazzo cinquecentesco progettato da Leone Leoni. Lo scultore si era trasferito a Milano nel 1542 e cercava casa. Alla fine la progettò, chiedendo ad Antonio Abbondio, artista lombardo allora di qualche notorietà, di realizzare i sei telamoni di pietra che compaiono sulla facciata.

La gente passando lì davanti li chiamava gli "omenoni", grandi uomini, e col tempo il palazzo e anche la via assunsero quel nome. Tristi e pensierosi, con la barba riccioluta e la testa ripiegata in avanti, raffigurano le stirpi dei barbari sconfitti. Anche se in realtà i telamoni sono una soluzione architettonica usata come sostegno decorativo o strutturale che ha il suo riferimento in Magna Grecia, come i colossi del tempio di Zeus ad Agrigento. Questo però il popolo non poteva saperlo, né poteva immaginare l'allusione al mito di Atlante, il titano che portava su di sé l'intero peso del globo.

Probabilmente lo stesso padrone di casa non si era ispirato al mito greco, quanto piuttosto alle vibranti figure maschili scolpite dall'amico Michelangelo per la tomba romana di papa Giulio II. Il Leoni infatti aveva nel suo studio il *Quadrone di Giganti* dell'artista fiorentino.

La sua casa doveva essere un vero museo che ospitava diverse opere di illustri colleghi, tra cui un'*Andromeda* e un *Marte e Venere* di Tiziano, un *San Giorgio* di Parmigianino e un libro di disegni di Leonardo da Vinci, forse lo stesso *Codice Atlantico* attualmente all'Ambrosiana. Peccato che la preziosa collezione sia andata dispersa dopo la sua morte.

Le statue degli Omenoni sono oggi tra i pochi elementi originali del palazzo che all'epoca aveva suscitato tanta ammirazione tra i contemporanei, citato perfino dal Vasari, il più illustre critico d'arte del Cinquecento.

La sua originalità ancora oggi stupisce, al vecchio numero civico 1722 che compare ancora sopra al portone d'ingresso.

**Indirizzo** Via degli Omenoni 3, 20121 | **Mezzi pubblici** Duomo (M1 Rossa, M3 Gialla) | **Un suggerimento** Nella vicina piazza Meda, al centro di un'aiuola sorge il *Sole, o Grande disco*, di Arnaldo Pomodoro. L'opera, realizzata negli anni '80, ha peregrinato a lungo prima di trovare qui la sua collocazione definitiva. Ritenuta troppo moderna a Vigevano per l'atmosfera rinascimentale di Piazza Ducale, anche il Castello Sforzesco la rifiutò.

# 16 La casa di Marinetti

*Il salotto dei futuristi*

Ci si fa poco caso, ed è un peccato, ma camminando per corso Venezia, all'angolo con via Senato, c'è una targa che ricorda la prima abitazione di Filippo Tommaso Marinetti. Forse la città dovrebbe essere più riconoscente a questo protagonista dell'avanguardia artistica del Novecento, nonostante le bizzarrie spregiudicate e rumorose di cui era il promotore, come le performance esaltate, talvolta aggressive nei teatri e nelle strade che inneggiavano al coraggio e alla sommossa "contro l'estasi e il sonno".

Parliamo del fondatore del Futurismo, poeta, drammaturgo, artista e soprattutto lottatore, interprete di un movimento rivoluzionario di forte rottura col passato a cui aderirono Umberto Boccioni, Giacomo Balla, Carlo Carrà e altri artisti intellettuali del tempo.

A Milano in quegli anni ne dovevano succedere di tutti i colori. In corso Venezia, nel "salotto orientale del vate egizio" (Marinetti era nato ad Alessandria d'Egitto) si riunivano scalmanati illustri, ed eminenti musicisti come Igor' Stravinskij o il direttore della Scala, il duca Uberto Visconti di Modrone.

Qui tra l'altro veniva redatta la rivista *Poesia*, che dal 1905 dava spazio alle avanguardie straniere, esaltava la libertà e il dinamismo della parola, distruggeva la sintassi.

Peccato che l'uscita del romanzo *Mafarka il futurista* (1910) suscitò talmente tante polemiche tra i benpensanti milanesi che Marinetti venne arrestato per oltraggio al pudore e dovette passare qualche giorno nel carcere di San Vittore.

È lo stesso anno in cui viene lanciato il *Manifesto dei pittori futuristi* che sancisce i principi rivoluzionari della nuova ideologia, momento culminante di una poetica vitale e insieme distruttiva, che esaltava la guerra ormai alle porte, e finì con l'annientare se stessa. "Noi vogliamo distruggere i musei, le biblioteche, le accademie d'ogni specie". Fosse stato per Marinetti non ci sarebbe neppure questa targa incisa che lo ricorda.

**Indirizzo** Corso Venezia 21, 20121 | **Mezzi pubblici** San Babila (M1 Rossa); Senato (bus 61, 94) | **Un suggerimento** Pochi ci fanno caso ma in via Senato 10, davanti al Palazzo del Senato, una delle due sculture è *Mere Ubu* (in bronzo), opera del celebre artista spagnolo surrealista Joan Mirò, che nel 1973 l'ha regalata alla città di Milano.

# 17_La Cascina Cuccagna

*La cittadella di campagna dove si coltivano le idee*

Non serve fare tanti chilometri perché è dentro la città. La Cascina Cuccagna è un angolo di campagna, di solidarietà e di idee fai-da-te, a cui si accede attraverso una pittoresca piazzetta acciottolata, con ancora appesa al muro la vecchia insegna della trattoria, ormai chiusa da tempo.

2.000 metri quadrati di cascina e altrettanti di prati, orti e cortili come era uso nel Settecento, quando la casa venne costruita. Oggi è un luogo di aggregazione tra i più noti della città. Ricchissimo di iniziative culturali, c'è solo l'imbarazzo della scelta. A cui si aggiunge un bistrot, divenuto punto di ritrovo, per un tè o un aperitivo, di studenti e abitanti del quartiere.

C'è un ostello al piano superiore e un ristorante sul genere hipster allestito sotto le volte della grande sala che fa angolo col giardino, visibile attraverso le vetrate. Ogni porticina – e un casale di campagna ne ha sempre molte – è l'ingresso a un laboratorio, un negozietto, una nuova idea, un progetto, uno spettacolo, un'officina artigianale. Chi arriva la prima volta resta disorientato, tante sono le possibilità di partecipazione.

Basta leggere l'elenco degli eventi all'ingresso del grande portico, ma si può anche chiacchierare con qualcuno al punto informativo, perché qui sembra che tutti abbiano miracolosamente tempo. E non è poco in una città frenetica come Milano.

C'è lo scambio di libri dove ciascuno porta e prende, e la possibilità d'iscriversi al registro del lavoro dove non si guadagnano soldi, ma solo competenze. Funziona così: se per esempio sono fotografo, offro il mio servizio e in cambio chiedo del tempo a un esperto di computer che sistemi il pc di casa.

Insomma ce n'è per tutti i gusti, dallo yoga al corso di origami, dalla falegnameria alla ciclo officina e, ogni martedì dalle 15:30 alle ore 20, il mercato agricolo dei prodotti di stagione. Non bisogna dimenticare che siamo pur sempre in campagna!

**Indirizzo** Via Privata Cuccagna 2, 20135 – tel. 0283421007, www.cuccagna.org | **Mezzi pubblici** Porta Romana (M3 Gialla); Porta Romana (tram 9; bus 62, 77) | **Orari** Cascina lun-dom 9:30-1; Bar/Ristorante e ostello mar-dom 10-1 (tel. 025457785, www.unpostoamilano.it) | **Un suggerimento** In viale Monte Nero 15 c'è una libreria che può far viaggiare molto. Monti in città è il punto vendita dedicato al tema del viaggio, della montagna, del trekking e dell'outdoor (lun 15-19:30, mar-sab 10-13:30/15-19:30).

# 18 La Cascina Monluè

## *La locanda del Generale Radetzky*

"Là dove c'era l'erba, ora c'è una città..." cantava un nostalgico Adriano Celentano nel 1966. Chissà cosa direbbe oggi della cascina Monluè. Un borgo che basava la sua economia sull'attività agricola, con le case dei contadini, la chiesa, le stalle, il fienile, il magazzino per le semenze. Oggi è assediata dalla Tangenziale Est, dai capannoni industriali e dai depositi dei corrieri. Eppure, una volta usciti dallo svincolo autostradale, come per magia si ritrova la pace e la serenità campestre.

Il primo incontro è con l'abbazia del XIII secolo, costruita in mattoni rossi come era uso nella pianura lombarda dove mancava la pietra. Poco più avanti la cascina vera e propria con i suoi abitanti: un uomo in bicicletta, una signora davanti all'uscio di casa, una suora che ospita nella canonica un gruppo di rifugiati. Qui tutti si conoscono e sono pronti a dare suggerimenti ai viaggiatori disorientati, come in un piccolo paese.

Perché a Monluè sono molti ad accorrere, soprattutto nelle giornate di sole quando è possibile pranzare all'aperto nel dehors sotto il glicine della vecchia locanda. Il ristorante è un salotto ottocentesco, tra quadri, orologi a cucù e il proclama di Radetzsky del 1849 appeso bene in vista all'ingresso.

Il generale austriaco era un assiduo frequentatore della locanda e, avendo fama di essere un donnaiolo, probabilmente portava qui le sue amanti, in una delle camere da letto al primo piano che in passato erano servite ai viandanti di passaggio all'abbazia. Un artista originale ha pensato di ritrarlo in un divertente cartone da teatro mentre ammicca a una bella ragazza del popolo.

Lo stesso ha dedicato a Manzoni una scenografia ispirata ai *Promessi sposi* che raffigura il lago di Lecco sullo sfondo del Resegone. Anche l'erudito scrittore apprezzava il risotto con l'osso buco e la cotoletta alla milanese, quella vera, alta, che si mangia solo qui, assicura oggi l'oste.

**Indirizzo** Antica Trattoria Monluè, via Monluè 75, 20138 – tel. 027610246/3490587082, www.anticatrattoriamonlue.it | **Mezzi pubblici** Mecenate (tram 27) | **Un suggerimento** L'abbazia di San Lorenzo, fondata nel 1267, era un importante monastero. A fianco si vedono: da un lato gli antichi granai, che oggi ospitano un istituto per rifugiati politici, dall'altro la cascina vera e propria (in restauro) che è utilizzata dal Comune per eventi e manifestazioni culturali.

# 19 Il Castello sotto-sopra

*Dall'alto delle Merlate dal basso della Ghirlanda*

I camminamenti di ronda costituiscono l'aspetto più affascinante di una fortificazione medioevale, quello che con maggiore immediatezza suscita immagini di memorabili scene di assedio tante volte viste al cinema. Le Merlate del Castello Sforzesco sono l'archetipo di questo immaginario storico e un po' fiabesco: una successione di gallerie illuminate dalla luce delle feritoie, che univano tra loro le diverse torri di guardia.

Vista dall'alto, la fortezza ha un fascino misterioso che riporta indietro nel tempo. Fatta costruire a metà del Quattrocento dal duca Francesco Sforza, ha una storia travagliata. Napoleone la maltrattò, alloggiandovi l'esercito e usando senza alcun riguardo le sale affrescate come scuderie per i cavalli.

A fare il resto ci pensò la guarnigione austriaca che qui vi istituì uno dei suoi quartieri generali. I milanesi erano così arrabbiati con gli invasori che durante le cinque giornate di Milano del 1848 entrarono nel Castello e lo saccheggiarono.

Quella che oggi si vede è una copia ricostruita dopo l'Unità d'Italia (1861) sotto la direzione dell'architetto Luca Beltrami. Solo nel 1905 si poté terminare la Torre del Filarete, rifatta in stile gotico rinascimentale secondo i disegni del XV secolo. I milanesi non vi avrebbero rinunciato, dato che per loro il castello rappresenta il simbolo dell'antico Ducato e della sua indipendenza.

Oggi i camminamenti offrono un suggestivo colpo d'occhio sulla città e sul Duomo, molto vicino. A nord si profila lo skyline delle Alpi imbiancate dominate dal Monte Rosa. Mentre in basso, nei sotterranei della Strada della Ghirlanda tra i passaggi segreti si rivivono storie di intrighi, di fughe e d'incontri amorosi. Da qui, in caso d'assedio, un messaggero a cavallo poteva galoppare senza essere visto, nascosto dall'oscurità.

Pare che una galleria segreta arrivasse fino a villa Simonetta, fuori le mura della città.

**Indirizzo** Piazza Castello, 20121 | **Mezzi pubblici** Cairoli (M1 Rossa); Cadorna (M2 Verde); Cairoli (tram 1; bus 50, 61) | **Orari** Castello: lun-dom 7-18 (inverno), 7-19 (estate); Merlate e Strada della Ghirlanda solo su prenotazione (Ad Artem, tel. 026596937) | **Un suggerimento** Nella corte ducale c'è la lapide della "Colonna Infame" che ingiustamente accusava il barbiere Gian Giacomo Mora di essere un untore, durante la Peste a Milano. Venne ucciso dal tribunale dell'Inquisizione nel 1630. L'episodio è ricordato da Alessandro Manzoni.

# 20 Le chiese gemelle

*Strategie di comunicazione di una duchessa tradita*

A proposito di Santa Maria Incoronata è proprio il caso di dire "due cuori una chiesa". L'edificio originale presentava un'unica facciata, quella a sinistra se si osserva dal sagrato, apparentemente identica all'altra. La storia delle facciate gemelle è successiva è ha un'origine romantica.

Alla chiesa dedicata a Santa Maria di Garegnano (dove oggi si trovano le cappelle II e III della navata sinistra) all'inizio del XV secolo venne annesso un convento agostiniano, sul retro. In seguito la Congregazione Lombarda dell'ordine di Sant'Agostino avviò alcune trasformazioni per ampliare il convento, che terminarono nel 1451, anno in cui Francesco Sforza venne insignito dell'investitura a duca di Milano. In omaggio all'evento, i padri agostiniani modificarono il nome della chiesa in "Incoronata".

Nel 1460 ecco il colpo di genio di Bianca Maria Visconti, moglie del duca Sforza, davvero stufa di ascoltare le voci che circolavano riguardo ai continui tradimenti del marito. La duchessa ordinò di celebrare pubblicamente l'amore e la fedeltà della coppia facendo costruire una seconda facciata a fianco di quella esistente. Varcando l'ingresso si notano infatti due navate contigue che costituiscono l'insieme di un'unica chiesa.

Lei, d'altra parte, figlia bastarda ma molto amata di Filippo Maria Visconti, duca di Milano prima di Francesco Sforza, aveva già ampiamente dimostrato di possedere un'abilità politica fuori dal comune. I libri di storia la descrivono come una donna colta, intelligente ed estremamente fantasiosa, e anche questa mossa ne è una riprova.

Deve essere stata la combinazione tra necessità politica ed estro personale a farle venire in mente una soluzione tanto originale: due facciate gemelle che avrebbero per sempre rammentato all'intera città l'unione sacra della famiglia a cui lei aveva donato ben otto eredi, fino alla morte dell'infedele marito avvenuta nel 1466.

**Indirizzo** Corso Garibaldi 116, 20121 | **Mezzi pubblici** Moscova (M2 Verde) | **Orari** Lun-dom 8:30-19 | **Un suggerimento** Alle spalle della chiesa c'è il chiostro quattrocentesco e la Biblioteca Umanistica del convento che conteneva volumi preziosi (oggi alla Biblioteca Ambrosiana). Interamente affrescata, è usata per mostre e concerti.

# 21 Il Cimitero Monumentale

*Insolita passeggiata tra eminenti famiglie milanesi*

È un'insolita passeggiata quella che vi porta attraverso i viali alberati del Cimitero Monumentale, ma non bisogna avere pregiudizi perché qui si possono trascorrere ore piacevoli godendo la frescura dei giardini neoclassici in compagnia di tanti personaggi illustri. Donne che piangono i loro mariti, putti alati, musici, sfingi e tavole conviviali come *L'ultima cena*, realizzata in bronzo e pietra da Giannino Castiglioni per la tomba della famiglia Campari, che i milanesi chiamano scherzosamente "l'ultimo aperitivo".

L'ingresso ai vivi è aperto a tutti, non così per i morti. A quest'ultimi è richiesto un curriculum vitae assai virtuoso e requisiti imprescindibili. L'ambizione alla fama eterna è severamente valutata da un'apposita commissione. Si potrebbe dire che la storia di Milano, dal Risorgimento in poi, sia concentrata in questi 25 ettari di marmi e cipressi. Il Monumentale fu progettato nel 1866 dall'architetto Carlo Maciachini per celebrare la città, finalmente libera dal dominio straniero.

Le famiglie ci sono tutte: Frette, Belloni, Marelli, Branca, Zambeletti, Treccani, Bonelli, Fumagalli, Morandi, Biraghi, Visconti, Riva, Campari, Falck e altre. Quasi una città nella città che ruota intorno al Famedio, pantheon di celebrità, all'interno del quale troneggia la tomba del vate maximo Alessandro Manzoni, fiancheggiata dai monumenti a Carlo Cattaneo e a Giuseppe Verdi. Leggiamo epigrafi illustri, da Salvatore Quasimodo a Francesco Hayez e chi non è sepolto qui, ha comunque diritto alla citazione.

L'architettura eclettica spazia con allegra libertà da uno stile all'altro, ma per scoprire le tombe più belle bisogna scendere dal podio del Famedio e girovagare tra le aiuole bordate da tempietti, piramidi egizie e gruppi scultorei.

Un museo a cielo aperto firmato da artisti famosi, tra i quali Lucio Fontana, Bruno Munari, Aldo Pomodoro, Medardo Rosso, Luca Beltrami e Giacomo Manzù.

Indirizzo Piazzale Cimitero Monumentale, 20154 | Mezzi pubblici Monumentale (M5 Lilla), Garibaldi (M2 Verde); Monumentale (tram 12, 14; bus 37) | Orari Mar-dom 8-18 | Un suggerimento La vera tomba di Giuseppe Verdi è in piazza Michelangelo Buonarroti, nella cripta della casa di riposo per musicisti fondata dal compositore nel 1899.

# 22 Il cinema interattivo

*Gli armadi parlanti con la voce dei divi*

È un viaggio a ritroso nel tempo: si scende dalla Metro Lilla (senza conducente) e si entra nell'edificio razionalista della ex Manifattura Tabacchi, di cui ancora campeggia la grande scritta sul fronte della facciata.

Bastano pochi gradini ed eccoci nel tempio dei fratelli Lumière, il caro vecchio cinema in bianco e nero. Qui comincia un percorso tra pupazzi, antichi macchinari e monitor che riproducono film memorabili e documentari storici.

Un archivio di migliaia di pellicole, trenta ore di materiale girato da guardare sugli schermi interattivi, più di cento oggetti d'epoca, tra macchine da presa e lanterne magiche. Ci si può concedere un pizzico di megalomania provando a doppiare la voce di Robert De Niro, e poi inviarsi via mail la registrazione; oppure rivedere la Milano futurista degli anni Venti di Marinetti, Balla e Depero o scoprire chi era un tale chiamato Italo Pacchioni, sconosciuto ai più: fu l'inventore del cinematografo a Milano e autore delle riprese nel 1901 dei funerali di Giuseppe Verdi.

Gli "armadi parlanti" scandiscono i vari temi, basta infilare una scheda perché appaia la pellicola desiderata. Davvero incredibile la ricchezza del materiale proposto, c'è posto per tutti: i divi italiani degli anni Venti, il cinema d'animazione anni Cinquanta, persino le pubblicità entrate nelle case degli italiani con la televisione e *Carosello.* Mitico l'omino Lagostina disegnato da Osvaldo Cavandoli.

Una mappa luminosa permette di cliccare l'area geografica, la città, perfino il quartiere e la piazza dove i film sono stati girati, rivivendo le emozioni del set con Fellini, Pasolini, Visconti, di cui il museo possiede bozzetti e disegni autografi.

E se alla fine si vuole ascoltare un parere (o dare il proprio), basta posizionare i piedi sulle impronte davanti al muro "Senti chi parla" e dialogare col personaggio che compare sull'ologramma, per esempio il regista milanese Maurizio Nichetti.

**Indirizzo** MIC – Viale Fulvio Testi 121, 20162 – tel. 0287242114, www.cinetecamilano.it | **Mezzi pubblici** Bicocca (M5 Lilla, tram 7, 31) | **Orari** Lun-ven 15-18, dom 15-19, visita guidata tutte le domeniche alle ore 16:30 | **Un suggerimento** A Porta Venezia, in viale Vittorio Veneto 2, si trova la sala Oberdan gestita dalla Cineteca che propone rassegne di film di qualità, sempre interessanti (oberdan.cinetecamilano.it).

# 23_City Life

*La fiera delle archistar*

Da qualche tempo Milano è invasa dalle archistar, una vera e propria moda, ma meglio così. Infatti dopo tanti anni di feste, sprechi e baccanali, rispecchiati dall'espressione azzeccata "Milano da bere", la città si è data una mossa ed è tornata a ingranare la marcia.

Uno scatto d'orgoglio, forse memore del glorioso passato da capitano d'industria e d'innovazione della capitale lombarda, che ebbe la sua vetrina internazionale con l'Expo del 1906. Allora fu una vera gara di appalti: 225 padiglioni temporanei costruiti dai migliori architetti dell'epoca secondo lo stile liberty in voga, nei giardini del Castello Sforzesco che da quel momento si chiamerà Parco Sempione in omaggio al traforo alpino appena inaugurato.

Che peccato, una Hollywood di cartapesta e gesso subito smantellata, ad eccezione dell'Acquario civico e della Torre Branca. Diverso il destino del Portello: la trasformazione del quartiere dell'ex Fiera Campionaria sarà permanente, a meno che i grattacieli non crollino.

Qui sorge la nuova City Life, residenziale e finanziaria, con al centro le tre torri svirgolate di Arata Isozaki, Zaha Hadid e Daniel Libeskind. Una modifica sostanziale all'emozionante skyline a cui i milanesi sono abituati, che ha come sfondo il Monte Rosa nelle giornate limpide. Però, da vicino, il nuovo Centro Congressi MiCo ricorda molto la cartapesta del 1906, per la forma ciancicata e apparentemente provvisoria dei pannelli, in questo caso però di alluminio anodizzato.

La chiamano la Cometa perché brilla giorno e notte, grazie ai led inseriti nella trama. L'architetto Mario Bellini ha ottenuto uno straordinario gioco di riflessi che disegna una voluminosa coda argentata di 200 metri. Dal nucleo centrale, simile al guscio di un'astronave, si dipana uno sciame luminescente di raggi che abbraccia la struttura fino a terra. Se si rivestisse di pannelli fotovoltaici, sarebbe una stella che illumina tutta la città.

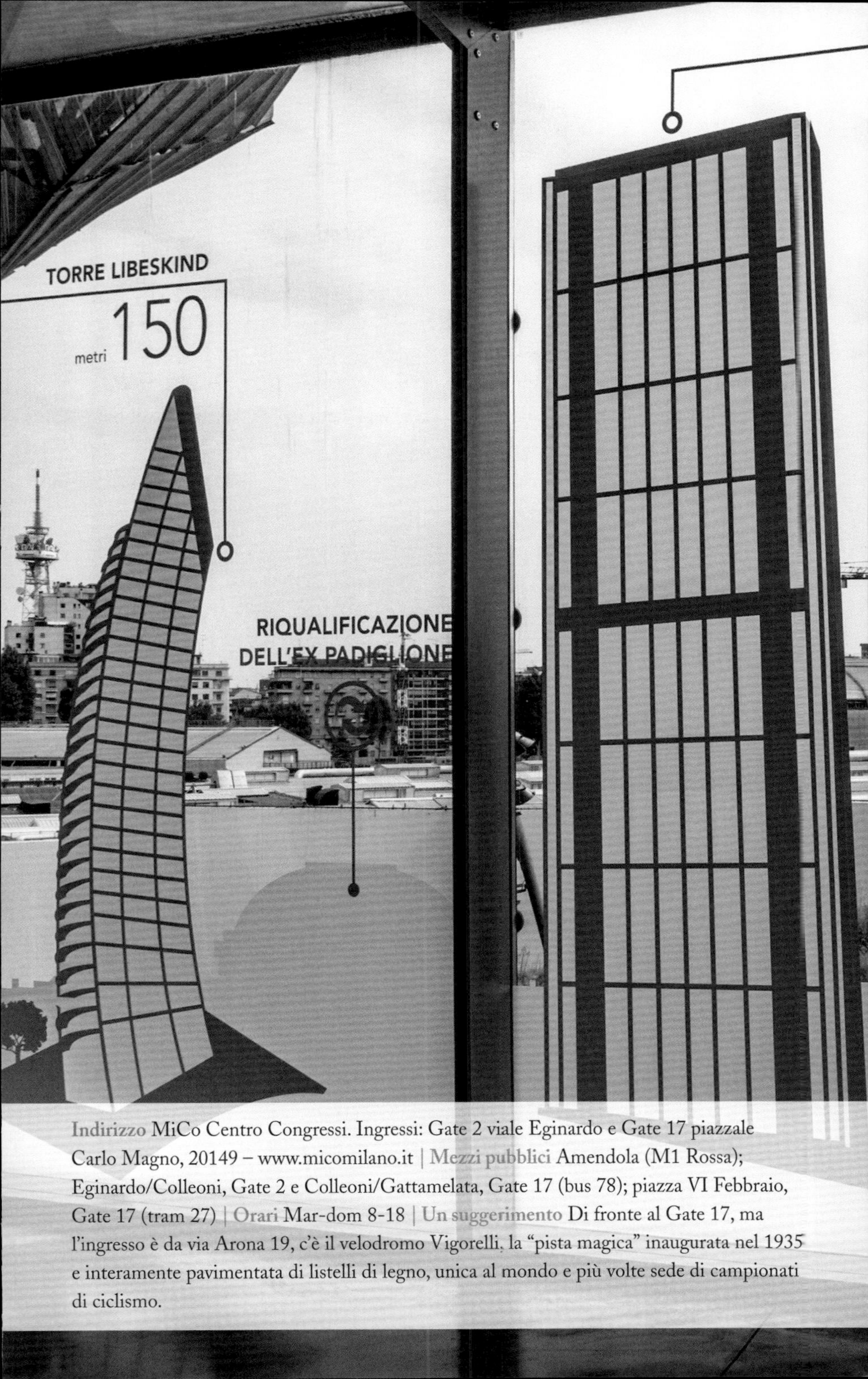


Indirizzo MiCo Centro Congressi. Ingressi: Gate 2 viale Eginardo e Gate 17 piazzale Carlo Magno, 20149 – www.micomilano.it | Mezzi pubblici Amendola (M1 Rossa); Eginardo/Colleoni, Gate 2 e Colleoni/Gattamelata, Gate 17 (bus 78); piazza VI Febbraio, Gate 17 (tram 27) | Orari Mar-dom 8-18 | Un suggerimento Di fronte al Gate 17, ma l'ingresso è da via Arona 19, c'è il velodromo Vigorelli, la "pista magica" inaugurata nel 1935 e interamente pavimentata di listelli di legno, unica al mondo e più volte sede di campionati di ciclismo.

# 24 Il coiffeur tra le nuvole

*Taglio di capelli con vista Duomo*

La vista è quella del Duomo e non è poco, soprattutto perché da qui lo si osserva all'altezza delle sue guglie. Nel salone milanese della bellezza, la terrazza di Aldo Coppola si trova all'ottavo piano del palazzo della Rinascente di fronte alla magnifica schiera di pinnacoli, contrafforti e sculture che fanno la gloria della cattedrale di Milano, e la gioia dei nostri occhi.

Qui li possiamo ammirare seduti su una sedia da parrucchiere, rassicurati dalle mani esperte del più elegante *hair stylist* milanese, che incornicia il volto delle sue clienti con ardite geometrie, non meno audaci dello stile gotico del Duomo.

Si può scegliere se volgere lo sguardo allo specchio di fronte, per seguire passo passo il taglio, il colore, la messa in piega, i colpi di luce e di creatività sul proprio volto, o virare leggermente lo sguardo a destra e a sinistra sui marmi della cattedrale al di là delle grandi vetrate, pulite alla perfezione.

Se in inverno è piacevole immergersi nel calore protettivo della sala tutta specchi, inox e poltrone di design, con la certezza di uscirne più belle che mai, la primavera e le giornate di sole offrono la possibilità di un'acconciatura all'aperto. Così che l'infinita pazienza solitamente richiesta alle donne per mantenere fascino e giovinezza, dai lunghi e noiosi colpi di sole alle attese del fissaggio del colore, diventa un'occasione salottiera da godere con una tazza di tè nella spettacolare terrazza a due passi dal cielo, da cui non si vorrebbe più andare via.

Donne solari, dinamiche, colorate, evanescenti vengono modellate secondo l'ispirazione di Stefano Lorenzi e Adalberto Vanoni, direttori creativi dell'atelier. Bisogna osare, essere coraggiose e avere un portafoglio abbastanza ricco, ma quando si esce da qui non si è più quelle di prima.

Per chi ancora non si sentisse pronta, il salone vi accoglie anche solo per dare una sbirciatina o fare una visita informativa.

**Indirizzo** Piazza Duomo lato sinistro, palazzo La Rinascente 8° piano, 20121 – tel. 0289059712/13, www.aldocoppola.it | **Mezzi pubblici** Duomo (M1 Rossa, M3 Gialla) | **Orari** Lun-dom 10-21 | **Un suggerimento** Al settimo piano c'è la terrazza-bar della Rinascente. Se si desidera tranquillità, evitare il martedì e il giovedì con musica live a volume esagerato (lun-dom 9-22, in estate aperto fino alle 24).

# 25 Collezione Pirelli

*Un archivio da Formula 1*

Oggi conosciuta per i suoi pneumatici montati sulle Ferrari, la Pirelli è stata molto di più di una fabbrica di gomme. Basta visitare il suo archivio: dal costume da bagno in lastex indossato da Marilyn Monroe agli impermeabili, dal pavimento in linoleum delle palestre ai tacchi a spillo, dalla maschera nautica dell'agente 007, citata dal Ian Fleming in *Octopussy*, ai divani di gomma piuma. Una lunga strada cominciata nel 1872 che ha attraversato la storia del Novecento, in particolare a Milano. Simbolo su tutti, il "Pirellone", ai tempi il grattacielo più alto d'Europa, costruito tra il 1956 e il 1960 sulle macerie dello stabile bombardato durante la guerra, per accogliere il quartiere dirigenziale prima del suo trasferimento alla Bicocca.

La Pirelli si è da sempre fatta notare per la comunicazione forte e trasgressiva, un bel coraggio nella pudica e cattolica Italia. Chi non ricorda i piccanti calendari *hard*, immancabili sulle pareti delle autofficine e nelle cabine guida dei camionisti ? Osé senza dubbio, ma firmati da fotografi del calibro di Helmut Newton. Singolare anche questa sua showroom: sul pavimento scorrono spot televisivi degli anni '60 e un'enorme lavagna interattiva. Una scacchiera luminosa mostra gli anni del boom economico, divi dello spettacolo, gare di Formula 1, la costruzione della metro a Milano. Ogni sei mesi il tema cambia, tanto il materiale non manca.

Ci sono documentari che risalgono al 1912, come il film di Hugh Hudson girato nel 1966 con un camion Pirelli che insegue una GT guidata da una bella ragazza. Di questa pellicola, che potremmo considerare antesignana del film *Duel* di Spielberg, ne esistono due copie: una qui e l'altra al MoMA di New York.

Poi si scende nel caveau dell'archivio, il Sancta Sanctorum, che conserva 200 bozzetti originali di Ugo Mulas, Bruno Munari, Renato Guttuso, Jean Grignani, disegni a matita e campagne pubblicitarie degli anni Venti che hanno popolato l'immaginario di un secolo di costume.

**Indirizzo** Fondazione Pirelli, viale Sarca 222, 20126 – tel.0264423971, www.fondazionepirelli.org | **Mezzi pubblici** Ponale (M5 Lilla); Sarca/San Glicerio-Chiese (bus 728) | **Orari** Lun-ven 10-17 (solo su prenotazione) | **Un suggerimento** Dove viale Sarca incrocia via Pirelli, si osserva tra gli alberi la bella cascina del XV secolo chiamata Bicocca degli Arcimboldi che dà il nome al quartiere.

# 26 La colonna del diavolo

*I misteri della basilica di Sant'Ambrogio*

Non poteva non avere una storia, dato che è l'unica colonna di marmo fuori dal sagrato, proprio davanti alla più preziosa basilica di Milano – dopo il Duomo s'intende – dedicata al patrono della città, Sant'Ambrogio. Romana, di tipo corinzio, fine del II secolo. Passandoci accanto non la si nota neppure, talmente si resta colpiti dalla bellezza del quadriportico d'ingresso alla basilica. Ma il suo significato non è da sottovalutare, per la città rappresenta addirittura un totem contro il male.

Si dice che il santo qui abbia combattuto il diavolo in persona. Pur essendo sant'Ambrogio una figura spirituale di rilievo nei primi secoli del Cristianesimo, il popolo doveva avere di lui un'idea molto fisica. Tanto da credere a una colluttazione vera e propria, durante la quale Satana avrebbe per sbaglio incornato la colonna incidendo due fori, ancora visibili nella parte bassa, e lasciando un inconfondibile odore di zolfo. La leggenda poteva avere qualche fondamento se si considera che l'area era un cimitero di martiri cristiani. Chissà che succedeva dopo il tramonto, tra fantasmi, pregiudizi e suggestioni.

Qualcosa di speciale doveva esserci, se durante il Medioevo i futuri sovrani prima di farsi incoronare e giurare fedeltà al papa venivano ad abbracciare la colonna della basilica ambrosiana, come racconta un padre domenicano del XIV secolo.

La consorella, altrettanto misteriosa, è una colonna di porfido che si trova all'interno della navata della chiesa. Si riconosce perché fa da piedistallo a un serpente di bronzo che secondo la tradizione sarebbe stato forgiato da Mosè in persona, nel deserto. I milanesi gli attribuiscono proprietà magiche capaci di guarire dal morso dei rettili. Neppure sant'Ambrogio è riuscito a estirpare completamente le credenze pagane!

Comunque, per non saper né leggere né scrivere, infilare due dita nei buchi delle corna del diavolo porta fortuna e la basilica è magnifica da visitare.

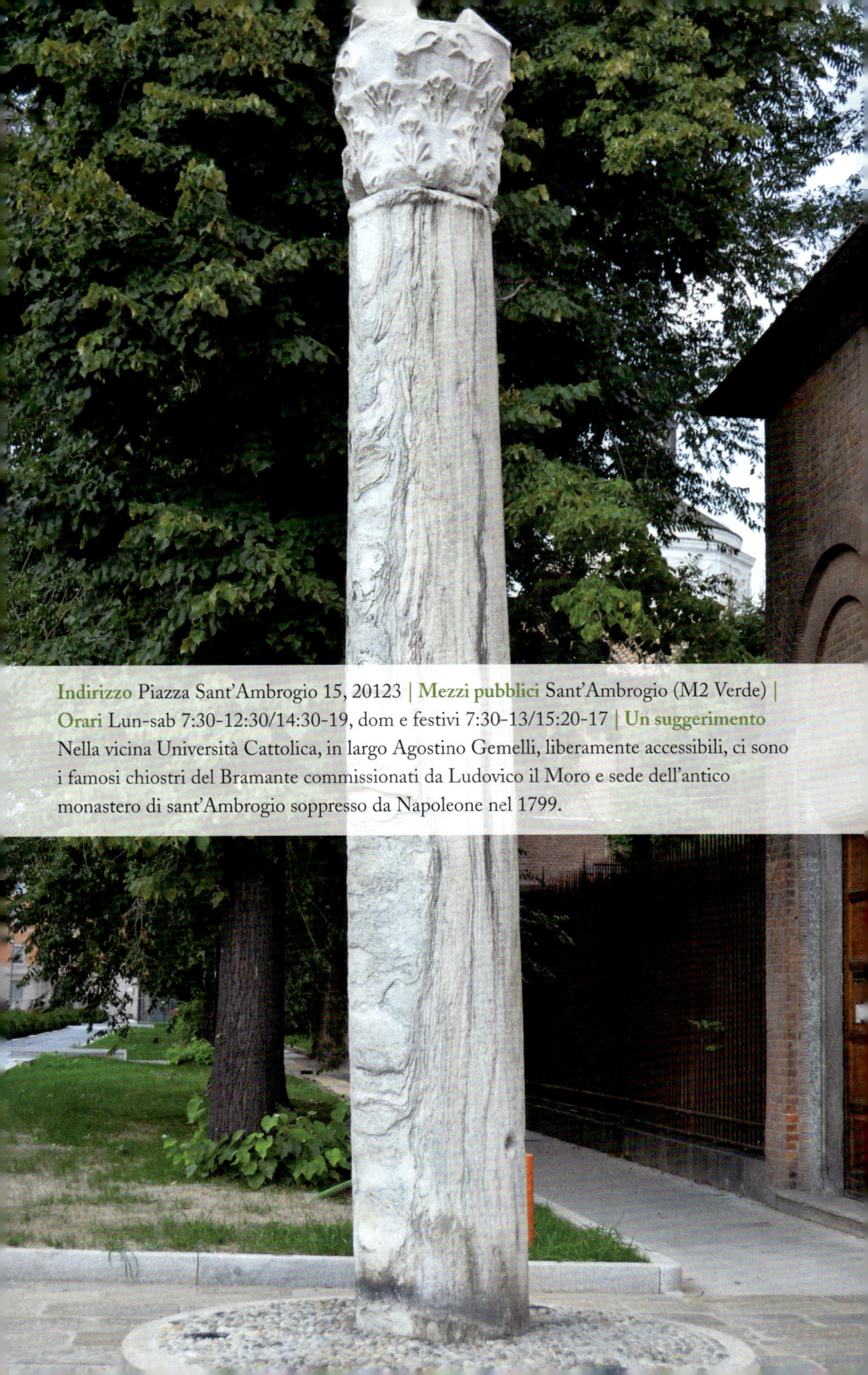

**Indirizzo** Piazza Sant'Ambrogio 15, 20123 | **Mezzi pubblici** Sant'Ambrogio (M2 Verde) | **Orari** Lun-sab 7:30-12:30/14:30-19, dom e festivi 7:30-13/15:20-17 | **Un suggerimento** Nella vicina Università Cattolica, in largo Agostino Gemelli, liberamente accessibili, ci sono i famosi chiostri del Bramante commissionati da Ludovico il Moro e sede dell'antico monastero di sant'Ambrogio soppresso da Napoleone nel 1799.

# 27 La conca dell'Incoronata

*Quando Brera era una piccola Venezia*

Le grandi porte lignee che bloccavano il passaggio dell'acqua sono proprio quelle progettate dal grande Leonardo da Vinci e disegnate dal maestro del Rinascimento nel famoso *Codice Atlantico*. Chi non ci crede può andare a sfogliare il tomo originale conservato nella Biblioteca Ambrosiana. Coi possenti battenti, il legno invecchiato dalle intemperie, le porte si trovano ancora lì, mezzo aperte, in fondo a via San Marco, come se dovessero contrastare la potenza dell'acqua che non c'è più.

Restaurate nel 1996 e nuovamente abbandonate all'incuria, sono oggi rifugio per gatti randagi e deposito di cartacce trasportate dal vento, sotto l'unico ponte in "ceppo d'Adda" con la garitta in mattoni, rimaste a ricordare il passato di questa piccola, gloriosa Venezia che coi suoi canali attraversava il centro storico. Era uno snodo cruciale tra la cerchia cittadina dei Navigli e la Martesana, il canale che collegava Milano al fiume Adda, consentendo la navigazione fino dentro alle mura spagnole. In realtà il sito venne spostato di un centinaio di metri, originariamente si trovava all'altezza del "Tumbun de San Marc".

Era qui che si pagava il dazio delle merci e delle persone per l'ingresso in città, tanto che i milanesi diedero a questa chiusa il nome di Ponte delle Gabelle, mentre il nome attuale si riferisce alla presenza della chiesa quattrocentesca di Santa Maria Incoronata. L'atmosfera da vecchia Milano, ormai rara, è accresciuta dalla pittoresca piazzetta con la birreria Carlsberg Øl ricavata all'interno di un palazzo tipico, le cui cantine erano usate come magazzini per le merci che venivano caricate e scaricate nel porticciolo. Vale la pena scendere le scale del locale con i vecchi soffitti a volta in mattoni rossi e appese al muro le foto storiche di quando l'acqua scorreva ancora nel Naviglio.

Ma il vivace e modaiolo quartiere di Brera è distratto e i suoi avventori spesso non arrivano fin quaggiù.

**Indirizzo** In fondo a via San Marco all'altezza del numero civico 45, 20121 | **Mezzi pubblici** Moscova (M2 Verde); Principessa Clotilde (bus 43): Pontaccio (bus 61) | **Un suggerimento** In via San Marco 20, c'è ancora il ristorante storico di Brera El Tombon de San Marc, che conserva il nome del vecchio porto dove il canale Martesana si collegava al circuito interno dei Navigli.

# 28 Corso Como 10

*La casa di ringhiera della gallerista*

Fashion, internazionale e, diciamolo pure, un tantino snob, corso Como 10 è lo spazio cittadino della nota gallerista milanese Carla Sozzani, un concept-store che all'epoca era molto innovativo, si parla della fine degli anni '80, ancora oggi di tendenza per calciatori, modelle e celebrità di vario genere, anche grazie alla discoteca Hollywood molto vicina.

Con ristorante, caffè, libreria d'arte e un fantasioso bazar di oggetti e curiosità modaiole, vorrebbe essere anticonvenzionale, ma ormai non lo è più tanto, anche per via del quartiere completamente trasformato dai nuovi grattacieli.

Atmosfera da vecchia casa di ringhiera, interpretata con gusto e design moderno, un salotto da godere senza soggezione, affollato, accogliente, costoso, ma basta prendersi un caffè e si può sprofondare in un coloratissimo sofà, standosene per ore a chiacchierare con la propria amica. L'ingresso è appena accennato da un discreto portoncino incorniciato dall'edera. Per entrare nel cortile quasi s'inciampa tra le piante e i vasi sparsi in apparente disordine. L'originalità si percepisce dalle piccole cose, dai vasi appunto, ceramica a strisce, a pois, a quadretti. La gente ci viene per l'happy hour, siede ai tavolini all'aperto e vorrebbe non andarsene più via.

Ma prima di farlo, conviene esplorare tutti gli spazi di questa originale palazzina d'epoca, dal pavimento in resina colorata che imprigiona qua e là conchiglie e frammenti di mare, alle sculture che giocano con lo spazio. Al piano superiore, la libreria e la galleria fotografica, vera passione della signora.

Ciliegina sulla torta, quando è aperta, la terrazza sul tetto che quasi nessuno conosce: un po' disordinata e piena di piante proprio come una terrazza casalinga, è un belvedere anticonvenzionale e di charme sullo skyline di piazza Gae Aulenti. Spicca il grattacielo dell'Unicredit dietro la linea delle case di ringhiera della vecchia Milano che resiste.

**Indirizzo** Corso Como 10, 20154 | **Mezzi pubblici** Porta Garibaldi (M2 Verde) | **Orari** Lun-dom 10:30-19:30 (giovedì e sabato fino alle 21). Bar e ristorante 11-01 | **Un suggerimento** In corso Como 15 c'è la discoteca Hollywood, famosa per la sua community di celebrità provenienti dal mondo del calcio, della televisione e della moda. Basta vedere sul sito internet, per rendersi conto del tipo di clienti (www.discotecahollywood.it).

# 29_Dialogo nel buio

*A occhi chiusi per vedere lontano*

Una passeggiata nel buio per scoprire il sorprendente mondo degli ipovedenti, pieno di vita, di rumori, di odori e di materia. Impacciati come bambini ai loro primi passi, si attraversano ambienti familiari che si fa fatica a riconoscere: un prato d'erba, una strada urbana, un giardino pubblico. E mentre si procede a tentoni nell'oscurità, pestando i piedi agli altri e manovrando in modo maldestro il bastone tra continui "mi scusi" e risate, l'inquietudine si stempera. Forse perché non ci si è mai visti prima – e non ci si vede neppure adesso – ci si sente tutti amici.

La ragazza cieca che fa da guida gioca la sua carta, rassicura e mette alla prova la nostra percezione, suggerendoci: tocca il pelo arruffato del cavallo, annusa l'odore di un frutto, sali in barca ma fai attenzione alla scaletta perché se cadi l'acqua c'è davvero. Nel caos cittadino, tra il suono dei clacson e il rumore dei tram, ce n'è per tutti. Lo spazio si riempie anche di insidie, perché no? Bisogna farci i conti, anche se qui ci troviamo in un ambiente protetto.

E lentamente l'oscurità si svela. Il nero non è affatto un "vuoto" ma un "pieno" di oggetti, di personaggi, d'incontri che suscitano emozioni. Profumi a cui normalmente non si fa caso rivelano la presenza dell'erba, così come la corteccia liscia o ruvida di un albero distingue un pino da una betulla.

Quando si costeggia un muro, l'improvvisa corrente d'aria fa percepire il buco di una porta aperta. Non è una realtà differente, ma la riscoperta di un mondo familiare, solo visto con altri occhi che si chiamano tatto, udito, olfatto e gusto.

A proposito di quest'ultimo, la prova sensoriale più difficile è mettere lo zucchero dentro (e non fuori) la tazzina del caffè. Una volta giunti al Cafènoir, la paura del buio è ormai esorcizzata, resta solo da pagare lo scontrino.

Vi eravate mai accorti che la moneta da 50 centesimi è più grande di quella da un euro?

**Indirizzo** Istituto dei Ciechi, via Vivaio 7, 20122 – tel. 0276394478, www.dialogonelbuio.org | **Mezzi pubblici** Palestro e San Babila (M1 Rossa); Monforte/Donizetti (bus 54, 61) | **Orari** Visite guidate, inverno mar-mer 9:45-16, gio-ven 9:45-16/18:30-20:30, sab 14:15-21, dom 11:15-18:15; estate mar-mer 14:30-18:30, gio-sab 14:30-20:30 | **Un suggerimento** Il Cafènoir all'interno dell'istituto è un'esperienza molto speciale per bere un aperitivo al buio, con gli amici, accompagnati da musica live (gio-sab a partire dalle ore 19).

# 30 La donna impudica

*La moglie di Federico Barbarossa*

Una passeggiata nel museo del Castello Sforzesco, tra solenni condottieri a cavallo, statue e pudiche madonne rinascimentali, conduce a una tavoletta di marmo assai curiosa. Un tempo era esposta in bella vista sulla facciata dell'arco di Porta Tosa, uno degli ingressi cittadini, diventata Porta Vittoria dopo l'Unità d'Italia.

Oggi, e si comprende il perché, è nascosta in un angolo appartato della sala numero VI, quella dedicata alle memorie storiche della Milano medioevale. Quasi nessuno ci fa caso perché la posizione è angusta e buia. Vi è raffigurata una donna che si pettina il pube, proprio così.

Si trattava di un'usanza frequente nel XII secolo tra le prostitute, come norma igienica per togliersi i pidocchi. Il fatto singolare è che la figura femminile indossa una lunga tunica e porta in testa una corona che le tiene legati i capelli come se fosse una principessa, incorniciata in un'edicola dalle forme classicheggianti. Questi attributi regali, nonostante la semplicità compositiva, hanno indotto le malelingue a ritenerlo il ritratto della moglie di Federico Barbarossa, l'odiato imperatore che aveva letteralmente raso al suolo la città di Milano nel 1162.

Per denigrarlo, secondo la tradizione, veniva quindi derisa anche la moglie Leobissa. Potrebbe essere questo il motivo del ritratto con l'immagine impudica dell'imperatrice, affissa sulla porta della città, chiamata per questo "Tosa" che in dialetto milanese significa ragazza. Che fosse o meno la moglie del Barbarossa, la cosa fu trovata di cattivo gusto dal castissimo Carlo Borromeo, il quale, divenuto arcivescovo di Milano nel 1566, rimosse il bassorilievo oggetto della volgare derisione.

Oggi si è più propensi a credere che la tavoletta di marmo rappresenti un'immagine votiva e di buon auspicio appartenente alla tradizione iconografica celtica. Nel frattempo "la regina Leobissa" è al sicuro tra le mura del castello.

**Indirizzo** Castello Sforzesco, piazza Castello, 20121 – tel. 0288463700, www.milanocastello.it | **Mezzi pubblici** Cairoli (M1 Rossa), Cadorna (M2 Verde); Cairoli (tram 1; bus 50, 61) | **Orari** Mar-dom 9-17 | **Un suggerimento** Parlando di sculture femminili anticonformiste, conviene dare un'occhiata alla *Pietà Rondanini* di Michelangelo nell'ex Ospedale Spagnolo all'interno del cortile del Castello, appena restaurata.

# 31 Eataly

*La buona spesa in città*

Eataly, tag felice per dire "mangiare italiano", è diventato in pochi anni un riferimento nel campo dell'eccellenza gastronomica. Un modo diverso di fare la spesa che valorizza i piccoli produttori instaurando con loro un rapporto commerciale diretto. Dalla campagna al banco di vendita, dal mulino al forno del pane: non solo un modo sano di mangiare, ma anche etico, ispirato alla sostenibilità, alla responsabilità e alla condivisione.

Se queste possono sembrare solo parole, basta entrare nel "supermercato" di piazza XXV Aprile e spingere il carrello tra i banchi per vederle realizzate. I prodotti sono divisi in aree tematiche e regionali. Prendiamo la sezione dolci: le fave di cacao Domori, la crema di nocciole Baratti&Milano, il pistacchio spalmabile di Bronte, per non parlare dell'Antica Torroneria Piemontese. E se venisse voglia di torrefazione, c'è anche il banco dove bersi il caffè.

Al piano superiore si passa ai salumi, di cui la Lombardia è maestra. Profumi irresistibili che invitano a sedersi ai tavolini del ristorante degustazione. Originale, la grande vasca delle mozzarelle di una freschezza inimmaginabile. E poi tutto il resto, dall'aceto balsamico di Modena (quello vero) agli agnolotti di pasta fresca, dal lardo di Colonnata al tartufo di Alba. Una vera festa del palato da portare a casa o assaggiare lì per lì. Tanti i laboratori di cucina e gli stage di degustazione.

Impeccabile la scenografia dell'ex Teatro Smeraldo tradotta in chiave Eataly. Dove un tempo c'erano il foyer, la platea, le gallerie con le poltrone, oggi ci sono tre piani di scaffali che espongono i prodotti d.o.c.

Tutto ruota intorno a un palcoscenico sospeso nel vuoto al centro della sala, memoria dello storico teatro milanese, sul quale si alternano gruppi di musicisti. Anche la selezione dei concerti live è "di origine controllata", il volume degli altoparlanti, a volte un po' eccessivo.

**Indirizzo** Piazza XXV Aprile 10, 20121 – tel. 0249497301, www.eataly.net | **Mezzi pubblici** Moscova e Garibaldi (M2 Verde); Gioia/Garibaldi (bus 37) | **Orari** Lun-dom 10-24 | **Un suggerimento** In uno scantinato di via Giuseppe Marcora 8, c'è un mercatino delle pulci che si chiama "tra noi e voi" dove chiunque può vendere e comprare (chiuso martedì, www.almercatinotranoievoi.com).

# 32 L'eco di Villa Simonetta

*Un fantasma tra le colonne della scuola di musica*

Non poteva che essere la sede di una scuola di musica, la bella Villa Simonetta famosa per la sua eco. Ne parla nel 1726 Marc'Antonio del Re nel volume dedicato alle ville di delizia dello stato di Milano: "replica la stessa voce sino a trenta e più volte", e precisa che l'effetto si otteneva solo "da una finestra del terzo piano situata nel mezzo del fianco di ponente verso la parte interiore del cortile", quindi doveva essere proprio vero.

Costruita alla fine del Quattrocento come dimora di campagna per il cancelliere di Ludovico il Moro, la villa fu trasformata nel 1547 dai Gonzaga in sontuosa residenza di rappresentanza, prima di passare di proprietà alla famiglia Simonetta.

Lo scrittore Stendhal, che amava e conosceva l'Italia, incuriosito, volle soggiornarvi e dichiarò che un colpo della sua pistola partito accidentalmente (chissà che non l'abbia fatto apposta) aveva risuonato per ben 50 volte.

Da qui a dire che gli innamorati si affacciavano alla finestra per sentire l'eco delle loro parole d'amore, il passo è breve. Col tempo le storie popolari si moltiplicarono, ad alimentarle erano i festini goliardici che si tenevano nella villa fuori città, lontana da occhi indiscreti, dove s'incontravano i rampolli delle famiglie nobili. Tanto che all'inizio dell'Ottocento acquisì il soprannome, non proprio edificante, di "villa dei balabiott" (dal dialetto: balla biotto, cioè nudo). È a questo periodo che risale la leggenda di Clelia Simonetta, la bella vedova che uccideva i suoi amanti.

C'è chi crede che la presenza della signora aleggi ancora la notte tra le colonne del magnifico loggiato, mentre l'eco delle parole amorose si sarebbe perduta a causa dei bombardamenti che durante la Seconda guerra mondiale hanno danneggiato la residenza e il suo magico effetto sonoro. A rimpiazzarlo oggi ci pensano i musicisti della Civica Scuola di Musica Claudio Abbado e i concerti che si tengono nel parco.

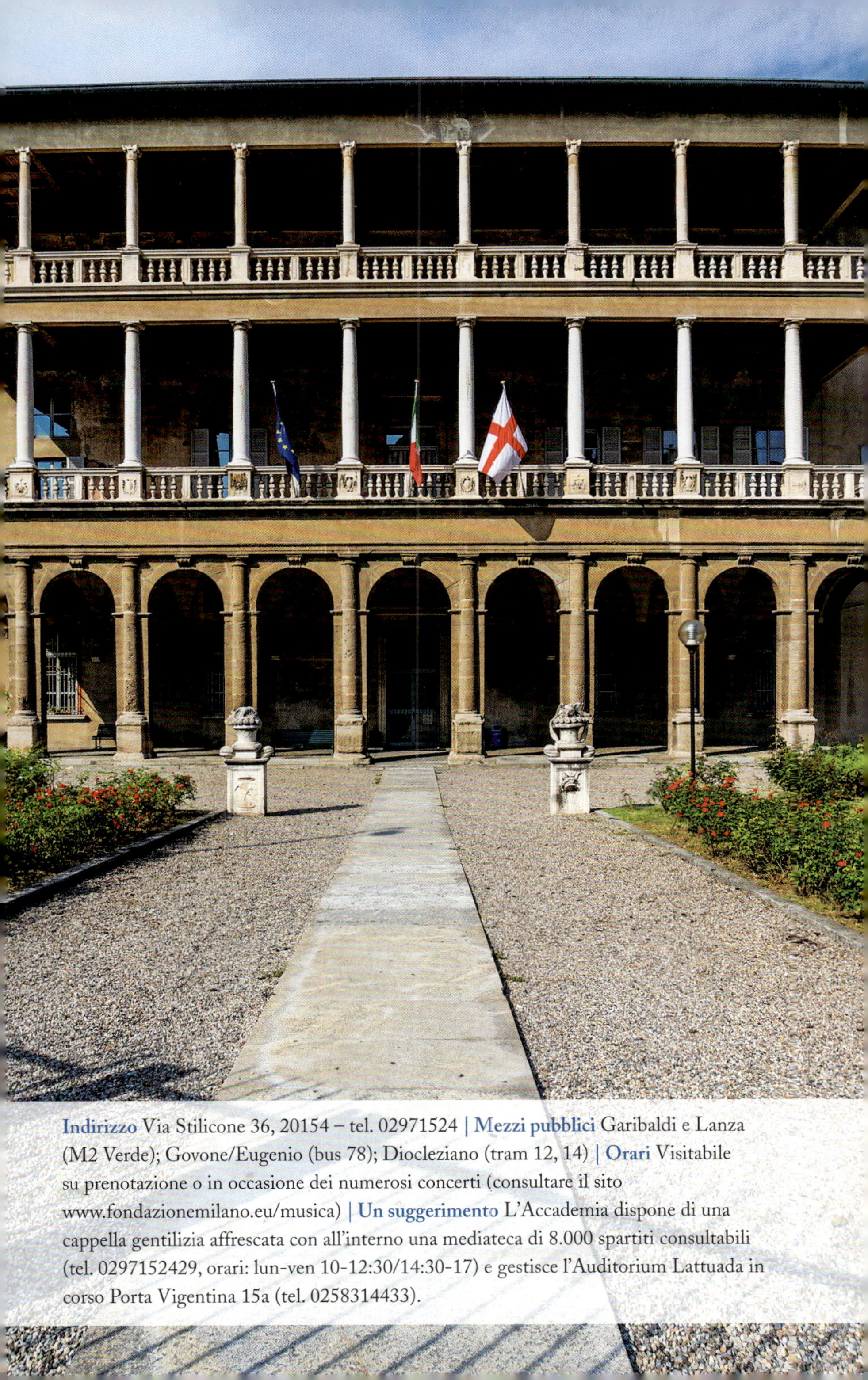

**Indirizzo** Via Stilicone 36, 20154 – tel. 02971524 | **Mezzi pubblici** Garibaldi e Lanza (M2 Verde); Govone/Eugenio (bus 78); Diocleziano (tram 12, 14) | **Orari** Visitabile su prenotazione o in occasione dei numerosi concerti (consultare il sito www.fondazionemilano.eu/musica) | **Un suggerimento** L'Accademia dispone di una cappella gentilizia affrescata con all'interno una mediateca di 8.000 spartiti consultabili (tel. 0297152429, orari: lun-ven 10-12:30/14:30-17) e gestisce l'Auditorium Lattuada in corso Porta Vigentina 15a (tel. 0258314433).

# 33_El Barchett

*Il Naviglio come cento anni fa*

Non più porto commerciale dal 1913, la Darsena oggi è l'ombelico della movida milanese, piena di vita soprattutto dopo il tramonto quando i milanesi si ritrovano nei tanti locali lungo il Naviglio Pavese e quello Ticinese, di cui la Darsena è il punto di congiunzione. L'atmosfera in fondo non è molto cambiata. Le grida di un tempo dei facchini che caricavano e scaricavano le merci, il via vai dei passeggeri sbarcati da Abbiategrasso o da Boffalora, lo sguardo curioso degli avventori si sono solo trasformati in un nuovo melting pot di voci e d'incontri.

Manca, è vero, il richiamo che annunciava la partenza del *barchett*, il battello che in direzione di Milano si lasciava trasportare dalla corrente, ma per risalire il fiume aveva bisogno di un cavallo che lo trainasse.

Esattamente un secolo dopo, l'associazione Navigli Lombardi ha deciso di rimetterlo in funzione. Delle 5-8 ore di navigazione di un tempo, oggi se ne fanno solo una e mezza, ma bastano per osservare il paesaggio urbano da una prospettiva molto diversa: è la città vista dalla parte del fiume. Tanti segni ricordano il passaggio del battello: i cippi di pietra consumati dalle corde dei cavalli, le conche per superare i dislivelli dell'acqua, la chiesetta di San Cristoforo con l'imbarco dove salivano i passeggeri per recarsi in città. Per non parlare del passaggio sotto il ponte dello Scodellino che porta nella Darsena, vero cuore del sistema Navigli che consentiva il collegamento con la cerchia interna.

L'anello, o circonvallazione interna, che oggi corrisponde a via Fatebenefratelli, via Senato, via Santa Sofia e via Carducci (in area ZTL tanto è centrale), non era altro che l'antica via d'acqua realizzata nel XII secolo. Nel Quattrocento gli ingegneri della Fabbrica del Duomo la sfruttavano per trasportare il marmo del Lago Maggiore al cantiere della nuova cattedrale, attraverso il Naviglio Grande. Ecco perché è emozionante prendere *el barchett*.

**Indirizzo** Alzaia Naviglio Grande 4, 20144 – tel. 0292273118, www.navigareinlombardia.it **Mezzi pubblici** Porta Genova (M2 Verde); Cantore (tram 19, 14; bus 47, 74) | **Orari** Da aprile a settembre e a Natale (consultare il sito) | **Un suggerimento** Nei giardini di via Conca del Naviglio, si può vedere la Conca di Varenna, la prima costruita nel Quattocento per collegare il Naviglio Grande alla cerchia interna, poi sostituita dall'attuale Darsena.

# 34 Erba Brusca

*L'orto in tavola*

Una volta era tutta campagna e in parte lo è ancora, irrigata dalle acque del Naviglio Pavese. Ora la pista ciclabile, che arriva fino a Pavia, si snoda attraverso un paesaggio di pianura e di cascine che la domenica è popolato di biciclette.

Erba Brusca si affaccia con discrezione, ha preso il posto della vecchia osteria un po' fuori mano e il campo da bocce è diventato un orto di piante aromatiche e ortaggi.

Il locale è molto cambiato da quando nel 2011 lo hanno rilevato Danilo Ingannamorte e Alice Delcourt. Dietro la loro formazione c'è lo zampino del prestigioso ristorante Ratanà.

"Chi ci conosce sa cosa aspettarsi, senza bisogno di scritte luminose", dice Danilo. Ad aspettarvi c'è un orto, neppure troppo esteso, dove si coltiva perfino l'erba brusca, erbaccia spontanea che normalmente il contadino sradica, ma che Alice ama particolarmente per quell'aroma selvatico che dona al piatto un leggero tocco di acidità, come in una delle sue ricette più esigenti: "Spaghetti con vongole, tartufo nero ed erba brusca".

Bella coppia: lui sommelier, lei chef di esperienza internazionale capace di calibrare le verdure come una alchimista. Ai tavolini del dehors, apparecchiati con la carta riciclata marrone come nelle vecchie osterie, vengono serviti piatti di gran classe, ma con semplicità agreste, da chi non se la tira perché conosce il proprio valore. E a proposito di valore, la cucina a vista, con la chef ai fornelli, parla da sola. Conviene affidarsi alla sua fantasia senza fare resistenza. Il menu "Carte Blanche" dice solo il prezzo, un po' come i bistrot parigini di nuova generazione: 30 euro per quattro portate, prendere o lasciare, "Enjoy!".

In fondo, la seguente postilla: aggiunta di 22 euro per chi vuole abbinare "vini alla cieca", sei diversi calici selezionati da Danilo. Il modo migliore per provare un vino insolito, magari un *cru* francese, e rilassarsi finalmente.

**Indirizzo** Alzaia Naviglio Pavese 286, 20142 – tel. 0287380711, www.erbabrusca.it | **Mezzi pubblici** Abbiategrasso (M2 Verde + 1,4 km a piedi); Chiesa Rossa/Conca Fallata (bus 79) | **Orari** Mer-dom pranzo e cena (mercoledì sera musica jazz dal vivo) | **Un suggerimento** Il panettiere di Erba Brusca è Davide Longoni che ha il panificio in via Tiraboschi 19, aperto anche la domenica mattina. Ovviamente tutte farine bio (www.panificiodavidelongoni.com).

# 35 Ex Fonderia Napoleonica

*Le fusioni artistiche di Napoleone & Co.*

La vecchia Fonderia Eugenia è frutto di un esproprio. Nel 1806 Napoleone, che non aveva molto riguardo per le proprietà della Chiesa, requisì alcuni locali dell'attigua Santa Maria alla Fontana. L'accesso al cortile, pavimentato coi tipici ciottoli di fiume, è chiuso da un cancello a vista: la proprietà è privata, si può solo sbirciare a meno di non aver prenotato la visita. Nella corte oggi si affacciano gli uffici ricavati dagli edifici di mattoni della fonderia. Il luogo è delizioso e sconosciuto, nonostante la sua storia illustre.

Qui infatti venne fusa la gigantesca sestiga di cavalli che si trova in cima all'Arco della Pace, ingresso trionfale alla città sul lato nord del parco Sempione. Poi, nella seconda metà dell'Ottocento, i fratelli Barigozzi, specializzati nella fusione di campane, rilevarono l'officina, come si può vedere dalle foto storiche esposte al primo piano. Prima di quell'epoca le maestranze preferivano non avere sedi fisse e girare l'Europa andando dove c'era richiesta.

Oggi, entrando nella sala dove avveniva la colata di bronzo, sembra ancora di poter sentire il calore sprigionarsi dai mattoni, il sudore degli operai che si mescolava all'odore acre del metallo, una combinazione di muscoli, manualità ma anche di esperienza che alla fine del processo determinava la qualità melodica della campana.

Per calarsi nell'atmosfera di un tempo, un'area adibita a museo spiega l'intero processo creativo fino alla fusione finale. Ci sono i calchi delle campane realizzate e le formelle in terracotta e gesso raffiguranti angeli e scene sacre che venivano utilizzate per le decorazioni.

Il rintocco delle loro campane ancora risuona dalle chiese di tante piccole comunità cattoliche dell'Africa, dell'Asia e dell'America Latina, ma anche in cima al campanile di San Marco a Venezia e di Santa Maria del Fiore a Firenze. Gli eredi Barigozzi ne sono orgogliosi e qui hanno conservato la loro memoria.

**Indirizzo** Via Genova Thaon di Revel 21, 20159 – tel. 3930552272, www.fonderianapoleonica.it | **Mezzi pubblici** Zara (M3 Gialla); Stelvio/Farini (bus 90, 92) **Orari** Solo su prenotazione (museo@fonderianapoleonica.it) o in occasione di eventi (consultare il sito) | **Un suggerimento** In piazza Duomo, proprio al centro della piazza, si trova il monumento equestre dedicato al re Vittorio Emanuele II, fuso nell'officina dei fratelli Barigozzi nell'anno 1896.

# 36 La Fabbrica del Vapore

*Tanti laboratori per progettare nuove idee*

Tra le istituzioni milanesi più effervescenti, la Fabbrica del Vapore è una fornace di iniziative, incontri e performance di ogni genere. Situata in un'area industriale dismessa dove fino al 1936 venivano fabbricati componenti per la costruzione di tram e di treni, si trova in zona Procaccini, la vecchia Milano popolare e anche borghese che un tempo era situata ai confini metropolitani e ora è a due passi dal centro, al limite della zona ZTL. Case di ringhiera ancora non trasformate in uffici per "fighetti" e muri ricoperti di graffiti nella parte bassa.

Davanti alla saracinesca dipinta di palloncini colorati che immette nel grande cortile passa ancora la vecchia linea del tram, con le rotaie sporgenti dal pavé di porfido irregolare, insidia per ciclisti e motorini.

Gli operai dell'ex fabbrica chiamavano "la Cattedrale" proprio l'edificio in fondo dove si assemblavano le vetture e oggi si presentano le mostre. Questo è il contesto della grande piazza all'aperto, 12.000 metri quadrati, dove in estate si tengono concerti e spettacoli molto partecipati. Tutt'intorno si affacciano i vari ex capannoni che oggi ospitano la sede di quattordici laboratori culturali molto eclettici. Perché la vocazione (no profit) dell'associazione è proprio quella di stimolare la sperimentazione e la contaminazione tra le diverse arti: fotografia, musica, teatro, danza, cabaret, design, scrittura creativa e altro. Non ci sono limiti alla fantasia e alla possibilità di progettare nuove idee. Un work in progress della creatività, ma tutt'altro che naïf.

Basti pensare che tra loro c'è il gruppo Studio Azzurro, ormai famoso per le sue videoinstallazioni di grande suggestione, una presenza importante sulla scena teatrale italiana ed europea. Anche se non si è iscritti a un laboratorio o a un evento specifico, qui c'è sempre qualcosa da vedere, qualche artista da incontrare per tessere nuove relazioni creative.

**Indirizzo** Via Giulio Cesare Procaccini 4, 20154 – tel. 3929965885, www.fdvlab.org | **Mezzi pubblici** Garibaldi (M2 Verde); Procaccini (tram 2; bus 37) | **Orari** Guardare sul sito i link dei singoli eventi, delle mostre e dei laboratori | **Un suggerimento** Al civico 48 di via Procaccini c'è Casalinghi Outlet che vende tutto per la casa: piatti, pentole, piccoli elettrodomestici a prezzi stracciati. Mentre al n. 32 c'è l'outlet Bassetti, nota ditta di tessuti per la casa (asciugamani, lenzuola ecc.).

# 37 La fiera di Sinigaglia

*Il mercato delle pulci che non c'è più, ma no, c'è ancora…*

Il più amato e popolare mercatino delle pulci milanese, in zona Porta Genova, è stato ridotto drasticamente facendo infuriare i cittadini. Manifestazioni davanti al municipio con i titolari delle bancarelle in testa, articoli gridati sulle cronache dei giornali, non sono serviti a restituire dignità alla storica fiera, che il *Corriere della Sera* così descriveva nel 1906: "la più caratteristica fra tutti i tradizionali commerci milanesi […] dove si può trovar tutto, persino una cosa bella, persino un oggetto d'arte, ma principalmente tutte quelle cose che hanno l'aria di non servir a nulla".

La fiera nasce nell'Ottocento da un gruppo di straccivendoli che si radunava alla congiunzione tra il Naviglio Grande e la Darsena, ex porto commerciale, in un angolo strategico per lo scambio delle mercanzie tra poveri, mentre oggi le 150 bancarelle sono ghettizzate all'interno dell'ex parcheggio dietro la stazione di Porta Genova. Chi non conosce Milano esita a entrarci per il suo aspetto trasandato e malfamato, ma è solo un'apparenza.

Il sabato mattina qui si possono fare acquisti importanti, trovare l'oggetto da veri intenditori tra tante cianfrusaglie e con poche decine di euro comprare una bicicletta per girare in città. Insomma, è probabile fare affari alla fiera di Sinigaglia, come all'altro storico mercatino delle pulci, quello di Bonola, che si tiene la mattina della domenica.

Intere cantine svuotate dai robivecchi vengono riversate sulle bancarelle. Certo, dal punto di vista estetico il Mercatone dell'Antiquariato che si tiene l'ultima domenica del mese sugli argini del Naviglio Grande è di gran lunga più affascinante.

Palpita d'incontri, di scambi, di occasioni e di contrattazioni, un colorato e affollato emporio all'aperto. Circa 400 bancarelle di oggetti vintage, mobili antichi, libri, dischi in vinile e modernariato di ogni genere. Per l'occasione, anche se è domenica, i negozi e i locali sul Naviglio sono tutti aperti.

**Indirizzo** Alzaia Naviglio Grande (ang. via Valenza), 20154 | **Mezzi pubblici** Porta Genova (M2 Verde); Porta Genova (tram 2, 9); Valenza (bus 47, 74) | **Orari** Fiera di Sinigaglia, sab 8-18; Mercato di Bonola, dom 7-14; Mercatone dell'Antiquariato (Naviglio Grande) ultima domenica del mese 9-18 (escluso luglio) | **Un suggerimento** Nipper (Ripa di Porta Ticinese 69) è un negozio di modernariato specializzato in radio d'epoca, l'unico in grado di rimetterle in funzione (www.nipper.it). Vale la pena entrare anche solo per guardare tutti gli oggetti che ha.

# 38_ Galleria Campari

*Una comunicazione effervescente*

Più che l'aperitivo a essere effervescente è la comunicazione della ormai famosa bottiglietta disegnata da Fortunato Depero nel 1928, e prodotta da Campari nel '32, che racconta una storia di costume e glamour cominciata 150 anni fa. All'avanguardia nella grafica, la scritta "Campari" elaborata da Bruno Munari campeggiava già nelle stazioni della metropolitana rossa il giorno dell'inaugurazione nel 1964, con i caratteri grandi e piccoli che si potevano leggere dal treno in movimento.

Oggi nella Gallery di Sesto San Giovanni sono esposte decine di affiche originali disegnate dai migliori creativi del tempo, simboli della "Milano da bere" della Belle Époque. La galleria è un seduttivo spazio rosso a due piani che racconta il nuovo secolo all'ora del drink, ricavato all'interno della vecchia fabbrica in mattoni del 1904, ormai inglobata nel nuovo edificio progettato dall'architetto Mario Botta. Qui un corridoio di manifesti e schermi interattivi mostra le trasformazioni del brand negli anni: dagli uomini coi lunghi baffi di Adolfo Hohenstein, a metà strada tra realismo e Art Nouveau, fino alla grafica visionaria di Depero, che poi il Cordial e il Bitter se li andava a bere con gli amici futuristi, Marinetti e Boccioni, al bar in Galleria Vittorio Emanuele II.

Non si trattava già del Camparino, ma del primissimo locale fondato da Gaspare Campari nel 1867. Ecco allora il pupazzo snodato di Depero che "distrattamente mise il BITTER CAMPARI in testa", spot pubblicitario ante litteram, ironico e imprevedibile come lo era il movimento futurista che si radunava intorno alla rivista *Parole in libertà*.

La maison Campari non si oppose anzi assimilò, per quanto folli, i nuovi linguaggi della comunicazione. Si circondò dei migliori illustratori per introdursi nei salotti di una Milano che cambiava, sempre più mondana, tra donne emancipate che avevano una gran sete e tanta voglia di divertirsi.

**Indirizzo** Viale Antonio Gramsci 161, 20099 Sesto San Giovanni (MI) – tel. 0262251, www.campari.com | **Mezzi pubblici** Sesto Rondò (M1 Rossa) | **Orari** Mar, gio, ven con visite guidate alle ore 14, 15:30, 17; primo sabato del mese, ore 10, 11:30, 14, 15:30, 17 (possibilità di prenotare la visita in lingua straniera) | **Un suggerimento** La vecchia villa Campari sul lato nord del parco, oggi è un elegante ristorante con dehors. In occasione di eventi vengono proposti menu a tema, come le cene "futuriste" (via Davide Campari 23, tel. 0222471108, www.villacampariristorante.it).

# 39_Gallerie d'Italia

*Nel caveau della banca*

Nella storica sede della Banca Commerciale, dietro agli sportelli in ottone, campeggiano quadri di Afro, di Vedova, di Capogrossi, di Guttuso, di Melotti, insomma il meglio del Novecento italiano a partire dal dopoguerra. Opere che la banca, ora del gruppo Intesa San Paolo, ha collezionato per arredare le filiali all'estero.

Un mecenatismo in chiave moderna, finora nascosto al pubblico italiano e confinato nelle sedi di rappresentanza d'oltralpe, dove l'alta finanza mostrava un certo orgoglio nazionale.

Oggi la collezione è conservata in tre prestigiosi palazzi, uno di questi in piazza della Scala a Milano.

Nasce così il progetto Gallerie d'Italia, che sarebbe più giusto chiamare "l'Italia in galleria". A Milano la Pop Art incontra il Concettuale, la Transavanguardia e l'Arte Povera, in una cornice liberty di vetrate, colonne e marmi pregiati.

Ma il vero segreto è custodito giù in basso, nell'ex caveau della Banca Commerciale.

Bisogna scendere lo scalone di velluto rosso che conduce nella cripta dei lingotti e dei gioielli, la cassaforte protetta da una massiccia porta d'acciaio a cui i milanesi più facoltosi affidavano i loro tesori. Al loro posto ci sono 500 opere d'arte che non hanno trovato spazio al piano superiore. Ma se qualcuno pensa che siano nascoste lì dentro perché meno importanti, si sbaglia. A meno che non si consideri irrilevante un Picasso dell'ultimo periodo o un cretto nero di Burri, montati sulle griglie scorrevoli dove un tempo venivano custodite le cassette di sicurezza.

Un giorno al mese il caveau viene aperto. Difficile a questo punto decidere se sia preferibile ascoltare la spiegazione della guida quando parla di Balla, di Carrà, di Sironi, o invece ammirare la sala scandita da colonne ioniche e ringhiere liberty, che un tempo le nobildonne milanesi scendevano per riprendersi il collier di brillanti da indossare la sera alla Scala, magari quando cantava la Callas.

**Indirizzo** Piazza della Scala 6, 20121 – tel. 800167619, www.gallerieditalia.com | **Mezzi pubblici** Duomo (M1 Rossa e M3 Gialla); Manzoni (tram 1) | **Orari** Galleria: mar-dom 9:30-19:30, gio 9:30-22:30; Caveau: terzo giovedì del mese, ore 17-21 (visita guidate da prenotare: Associazione Civita, tel. 0243353525) | **Un suggerimento** Dallo stesso ingresso, e sempre gratuitamente, si accede al settecentesco Palazzo Anguissola ricco di stucchi e decorazioni. Qui sono esposti i paesaggisti dell'Ottocento che hanno ritratto Milano e la Lombardia. All'uscita, il bar-ristorante è un buon posto dove rilassarsi.

# 40_I giardini della Guastalla

*L'angolo verde più antico di Milano*

Non hanno cattivo gusto i ragazzi, se per "bigiare" – come si dice a Milano quando si salta la scuola senza avvertire i genitori – scelgono i Giardini della Guastalla, pittoresco angolo di verde e primo parco cittadino, istituito nel 1938 quando il Comune di Milano lo acquistò. Come allora, oggi si cammina sotto le fronde profumate dei grandi tigli e dei faggi, tra vialetti, siepi, fontane e aiuole, e tutto ruota intorno alla grande vasca della peschiera barocca, circondata da una bassa balaustra di marmo a colonnine, come era uso all'epoca. Fino a qualche anno fa ci galleggiavano le ninfee e si potevano vedere i pesci nuotare a pelo d'acqua.

Il parco è un tipico esempio di giardino rinascimentale all'italiana disegnato con il gusto delle "ville di delizia" lombarde. Anche se in realtà si trattava di un collegio femminile fondato dalla contessa di Guastalla per provvedere all'educazione delle ragazze appartenenti alla nobiltà decaduta, che non erano più in grado di pagarsi l'istruzione.

Molto interessante è la parte botanica con oltre quaranta varietà di alberi tra i quali passeggiare romanticamente, ammirando gli scorci che cambiano colore a ogni stagione, tra platani, magnolie e alberi di tulipano.

Qua e là ci sono statue e perfino un tempietto sul quale, manco a dirlo, i graffitari hanno lasciato la loro firma con lo spray, peccato. C'è anche un'edicola seicentesca che presenta un gruppo scultoreo in cotto con la Maddalena assistita dagli angeli.

Lo storico giardinetto della contessa si trova a ridosso dell'antico ospedale della Ca' Granda, oggi Università Statale e, se la giornata è soleggiata, è facile incontrare una ragazza distesa sulla panchina che prende la tintarella con un libro aperto, un gruppetto di studenti che si mangia il panino o colleghi di lavoro che sfruttano la pausa pranzo per respirare una boccata d'aria. Sosta piacevolissima, basta trovare una panchina libera.

**Indirizzo** Via Francesco Sforza, 20121 | **Mezzi pubblici** Largo Augusto (tram 12, 23, 37); Sforza Ospedale (bus 94) | **Orari** Da novembre a febbraio 7-19, marzo 7-20, aprile 7-21, da maggio a settembre 7-22, ottobre 7-21 | **Un suggerimento** Sul lato opposto della strada si vedono i resti del ponte dell'Ospedale sull'antico Naviglio (oggi coperto dalla strada) che collegava l'ex ospedale, oggi università Statale, all'ex cimitero della Besana.

# 41_I giardini di Villa Reale

*Adulti solo se accompagnati*

Sì, il cartello all'ingresso del parco parla chiaro: per entrare bisogna avere meno di dodici anni, oppure essere accompagnati da un bambino. I deliziosi giardini di via Palestro, a fianco della Galleria d'Arte Moderna, sono un'inaspettata oasi di tranquillità progettata alla fine del Settecento dall'architetto viennese Leopold Pollak per il conte Lodovico Barbiano di Belgiojoso, e soprattutto per la sua signora. Qui si passeggia all'ombra dei grandi alberi, lungo i sentieri bordati da roccette che costeggiano il lago, tra ponticelli di legno e colline create apposta per disegnare un paesaggio variegato, che al tempo stesso doveva avere un aspetto naturale, secondo il gusto tipico del "giardino all'inglese".

Boschetti e piante di vario genere, come cedri, ciliegi, platani e bagolari. Statue, finte rovine e un tempietto classico per allietare le nobildonne che qui potevano fare due passi al riparo dal sole, senza sciupare il perfetto candore dei loro volti di porcellana.

Solo in prossimità della villa il prato diventa ampio e soleggiato, per lasciare penetrare la luce naturale all'interno dell'edificio attraverso le grandi vetrate delle finestre. È un magnifico colpo d'occhio sull'intera facciata che esalta l'eleganza neoclassica della villa, così razionalmente sontuosa che Napoleone Bonaparte la scelse come propria residenza milanese.

Ma questo interessa meno i bambini che sembrano preferire i canaletti dove l'acqua ruscella verso il lago, frequentati da anatre e germani reali.

Nella piccola area allestita a parco giochi, a fianco dei cavallucci a dondolo e delle altalene s'intravedono, semi nascoste tra gli alberi, le statue bianche a grandezza naturale di Fausto Melotti. L'opera, chiamata *I sette savi*, è l'unico link con il Padiglione d'Arte Contemporanea: i soli adulti a cui è permesso entrare nel parco senza la presenza di un bambino, oltre a qualche coppietta che non ha letto il cartello.

**Indirizzo** Via Palestro 14, 20121 | **Mezzi pubblici** Palestro (M1 Rossa); Cavour (bus 61, 94) | **Orari** Lun-dom, da novembre ad aprile 9-16, da maggio a ottobre 9-19 | **Un suggerimento** Nei giardini pubblici di fronte c'è il Biolab, "giardino delle scienze" interattivo per bambini, ricavato nella ex serra di Palazzo Dugnano (ingresso da via Daniele Manin 2a, orario tutti i giorni 9-13/13:30-17).

# 42 Il gladiatore Urbicus

*Quello che resta di un anfiteatro romano*

L'aspetto non è dei migliori, sembra più un istituto scolastico che la sede di un parco archeologico, tante sono le scritte spray che sporcano i muri esterni lungo la strada. E invece, varcata la soglia dell'ex convento in via De Amicis, si scopre la Milano dei gladiatori, antica e imprevedibile, con i resti di un anfiteatro romano dove avvenivano i giochi e i combattimenti coi leoni.

Si comincia dall'Antiquarium Alda Levi, dedicato alla figura dell'archeologa perseguitata dalle leggi razziali. La collezione di manufatti proviene dagli scavi della vicina arena che comprendeva un'area molto vasta, oggi in gran parte scomparsa, tra la Conca del Naviglio e corso di Porta Ticinese. Diverse bacheche lo spiegano, con fibule, statuette fittili, vasi, anfore, monili e reperti in bronzo e in osso.

Sono oggetti di vita quotidiana che illustrano la vita urbana della *Mediolanum* ai tempi di Roma: come era organizzata una farmacia, come si costruiva una casa e, tra le diverse attività, anche il mestiere del gladiatore.

Questo ce lo rivela la preziosa stele funeraria dedicata a Urbicus (III sec. d.C.), un formidabile lottatore a cui certo non mancava il coraggio, dato che era un *secutor*, un inseguitore. Il suo ruolo, infatti, nel feroce gioco dell'arena che si concludeva con la morte del perdente, era quello di incalzare gli avversari affinché lo spettacolo divenisse più vivace.

Urbico è ritratto con una veste corta e una spada, il braccio sinistro sostiene uno scudo ricurvo e sulla gamba destra indossa un parastinchi. La sua età, quando muore, è di appena 22 anni, ma ha già 13 vittorie alle spalle. Lascia una figlia di 5 mesi e una di 7 anni e la moglie Lauricia, che doveva essere molto orgogliosa di lui, gli dedica questa epigrafe, scritta minutamente: "Ti avverto, chiunque tu sia che uccidi chi hai vinto (nel combattimento). I suoi tifosi terranno viva la sua memoria". Onore alla gloria di Urbico.

**Indirizzo** Antiquarium/Anfiteatro Alda Levi, via Edmondo De Amicis 17, 20123 – tel. 0289400555 | **Mezzi pubblici** Colonne San Lorenzo (bus 94); piazza resistenza Partigiana (tram 2, 14) | **Orari** Antiquarium: mar-sab 9:30-14. Anfiteatro: mar-ven 9-16:30 (inverno), 9-18 (estate), sab 9-14 | **Un suggerimento** Nella Basilica di Sant'Eustorgio si può visitare la necropoli paleocristiana del III e IV secolo, ricca di epigrafi funerarie.

# 43 La guglia del pugile

*Gli strani incontri sul tetto del Duomo*

Chi l'avrebbe mai detto che sulle guglie del Duomo è rappresentato anche un incontro di boxe? Non si tratta di un'allegoria, ma della celebrazione di un pugile in carne e ossa, Primo Carnera, che il 26 giugno del 1933 vinceva, primo italiano, il titolo mondiale dei pesi massimi.

Fu così che l'anonimo scultore della Veneranda Fabbrica del Duomo, che in quel momento stava restaurando una guglia, ricevette l'ordine di dedicare la sua opera al campione forgiando l'evento nel nobile marmo di Candoglia. Chissà, magari su suggerimento dello stesso Mussolini, dato che il Duce sfruttò abbondantemente le performance dell'atleta, detto il "il gigante buono" (Carnera superava i due metri di altezza e pesava 120 kg), facendone un eroe della propaganda fascista. A fare compagnia al Carnera di marmo anche un altro famoso pugile, Erminio Spalla.

Oggi, quando dalla piazza si alza lo sguardo verso le terrazze per ammirare le guglie che svettano contro il cielo, cesellate e adorne di statue e decorazioni, tutti credono di vedere rappresentate solo figure bibliche. Nessuno immaginerebbe che in tutta quella scenografia di marmi e intarsi, fatti apposta per esaltare la gloria di Dio, sia celata una scena tanto carnale come la lotta tra due pugili con i guantoni. E non è l'unica sorpresa. Le guglie, infatti, sono particolarmente esposte all'erosione degli agenti atmosferici e richiedono continui interventi di manutenzione che spesso modificano l'iconografia originaria.

Basta salire sul tetto del Duomo per accorgersene. Come in una caccia al tesoro, tra le tante figure di santi, demoni e ghirlande si può scoprire una moderna racchetta da tennis con relativa pallina, o il passo pericoloso di una ragazza semi svestita nell'atto di lasciare il suo piedistallo di marmo per raggiungere il fidanzato, che dall'altra parte sta compiendo la stessa acrobazia. Tutto può accadere sotto lo sguardo vigile della Madonnina.

**Indirizzo** Ingresso Terrazze del Duomo, Piazza Duomo (lato sinistro), 20122 – www.duomomilano.it | **Mezzi pubblici** Duomo (M1 Rossa, M3 Gialla); Torino (tram 2, 14); Duomo (tram 16, 12, 27) | **Orari** Lun-dom 9-18:30, da maggio a settembre ven e sab fino alle 22 | **Un suggerimento** Per scolpire il proprio nome nella storia del Duomo si può "adottare" una guglia facendo una donazione (adottaunaguglia.duomomilano.it).

# 44_HangarBicocca

*Da fabbrica a laboratorio d'arte contemporanea*

La creatività dell'artista contro l'ingranaggio impersonale della fabbrica: ecco a voi *La Sequenza* di ferro di Fausto Melotti all'ingresso delle acciaierie Breda dove dal 1886, per quasi un secolo, entravano ogni mattina migliaia di operai metalmeccanici. I tempi sono cambiati: oggi le casette in mattoni rossi con tetto a doppio spiovente ospitano mostre, laboratori d'arte e video performance d'avanguardia. I nipoti delle "tute blu" dell'Ansaldo, della Falk, della Magneti Marelli vengono oggi al bistrot per l'happy hour tra i colorati tavolini di design.

Il "padrone" si è trasformato in mecenate (Fondazione Pirelli), però l'atmosfera rimane strana, come se i muri e i viali grigi trasudassero ancora lavoro e fatica. Una porticina immette nell'hangar di 9.500 metri quadrati che ospita la monumentale opera dell'artista Anselm Kiefer, *I Sette Palazzi Celesti*. All'interno della gigantesca navata, nella semi oscurità si ergono sette torri alte fino a 18 metri, come sgangherati grattacieli fatti di baracche sovrapposte, cemento e macerie di guerra.

La suggestiva installazione s'ispira a un antico testo ebraico che narra del cammino spirituale di un uomo verso Dio. È evidente che per l'artista l'umanità ha ancora molta strada da fare e questa è la sua idea di Novecento, secolo di guerre e di avanguardie, di metropoli e di rivoluzioni industriali.

Ma dov'è finita la città dell'acciaio, la "Stalingrado italiana" dei cortei con le bandiere rosse che arrivavano fino al Duomo? Dove gli altiforni, le sale collaudo, la bulloneria e l'eco degli scioperi del '43, che costarono a tanti operai la deportazione nei lager nazisti? Per andare a ritroso nella storia bisogna aspettare una domenica soleggiata e pedalare in bicicletta (con una guida) attraverso il quartiere industriale. Certo, l'atmosfera oggi è di gran lunga più allegra di quando qui si costruivano trasformatori, pezzi per locomotive o mezzi da guerra.

**Indirizzo** Via Chiese 2, 20122 – tel. 0266111573, www.hangarbicocca.org | **Mezzi pubblici** Ponale (M5 Lilla); Sarca/Chiese (bus 728) | **Orari** Mer 12-15:30, gio-dom 11-24; la visita in bicicletta “HB Tour” si effettua solo su prenotazione e di domenica (consultare il sito) | **Un suggerimento** In viale dell’Innovazione 20 c’è il moderno Teatro degli Arcimboldi progettato da Vittorio Gregotti, vera “bottega di teatro” e musica (www.teatroarcimboldi.it).

# 45_HUB

*Il tessile creativo di Barbara Zucchi*

Due vetrine sul Naviglio piene di frammenti di stoffa colorata e un'antica colonna di granito che separa due archi di mattoni per sostenere la volta dello storico palazzo. Poi tavoli, macchine da cucire, espositori, attaccapanni, forbici, spagnolette di filo, modellini di carta e grosgrain, ma anche manufatti finiti, in vendita: cuscini, grembiuli, asciugamani, borse di tessuto.

Belli, particolari, creativi e tutti fatti a mano. Una via di mezzo tra una sartoria e una galleria, un negozio di stoffe e un laboratorio: questo è il modo con cui Barbara Zucchi, figlia d'arte di uno dei più importanti gruppi industriali del tessile, ha scelto di conservare la tradizione di famiglia, interpretandola in chiave attuale.

Non a caso si chiama HUB textile: l'idea è quella di recuperare il mestiere creativo del cucire che un tempo apparteneva alle nostre nonne e ora, almeno a Milano, è affidato alla manualità di piccole imprenditrici dell'Est che per pochi soldi accorciano pantaloni, stringono gonne e fanno un mucchio di altri lavoretti.

Qui invece entri, parli con Cecilia o Francesca, e puoi usare l'attrezzatura dell'HUB per cucire, tagliare la stoffa, tingere e fabbricare il tuo progetto, chiedendo un consiglio alla sarta o, se non si ha esperienza, frequentando uno dei corsi sul grande tavolo in fondo al negozio.

Nella sala sul retro sono messi a disposizione i blocchi di legno e metallo della collezione Zucchi di fine Ottocento, con cui decorare le stoffe. Le possibilità sono pressoché infinite, anche per i bambini, e vanno dalla stampa decorativa ai laboratori durante i quali ciascuno realizza la sua idea e alla fine se la porta a casa.

Si può cucire un regalo molto *fancy*, scrivere una frase spiritosa su una maglietta, decorare un lenzuolo e – perché no? – trascorrere un'insolita festa con gli amici in un colorato vortice di stoffe, spilli e pennelli.

Chissà cosa ne uscirà fuori…

**Indirizzo** Ripa di Porta Ticinese 69, 20143 – tel. 0245548183, www.l-hub.it | **Mezzi pubblici** Porta Genova (M2 Verde); Porta Genova (tram 2) | **Un suggerimento** In via Vigevano 32, a due passi dalla stazione di Porta Genova, si trova il Self Service dello Scampolo, frequentato da chi segue la scuola di moda per acquistare stoffe a poco prezzo.

# 46__L'Idroscalo

*Il mare dei milanesi*

Il mare è lontano e allora d'estate che si fa? Tutti all'Idroscalo. La prima volta si rimane interdetti ma poi ci si abitua a vedere le file di ombrelloni, le sdraio, i tavoli da picnic e gli asciugamani ben stesi sulle spiagge d'erba in riva al grande lago artificiale.

Sabato e domenica il parco sportivo dei milanesi si affolla. E a ragione, perché è un luogo bello e vasto per fare un tuffo nella natura e prendere una boccata d'aria come non ce ne sono altri in città. A meno di non partecipare alle fughe del venerdì sera per trascorrere il weekend sulle spiagge (quelle vere), pagando poi pegno con le code di rientro la domenica.

C'è chi viene per uno spuntino all'aperto, chi a prendersi la tintarella, chi a fare jogging. Ci sono campi d'atletica e di tennis, piscine con vertiginosi scivoli, muri artificiali d'arrampicata, altalene per bambini, piste di pattinaggio e poi tanti, tanti prati verdi da usare come si vuole.

Siamo appena alla periferia della città, a ridosso dell'aeroporto di Linate. Anche da qui un tempo partivano gli aerei di linea, gli idrovolanti che decollavano e ammaravano sull'acqua, come oggi in Canada.

Questa era la funzione originaria quando venne progettato nel 1926, e il Nord Italia, in campo di idrovolanti, era all'avanguardia. L'aeroclub di Como è l'unica scuola ancora attiva, oltre ad essere la più antica d'Europa. Meno glorioso, invece, il destino dell'Idroscalo milanese, che quasi da subito interruppe l'attività trasformandosi in luogo di ritrovo e di svago.

Alimentato dalle acque provenienti dal Naviglio Martesana e da una falda sorgiva, già a partire dal 1934 venne utilzzato per gare di canottaggio. Entrò trionfalmente a far parte dell'immaginario della città quando nel 1960 il regista Luchino Visconti vi girò la scena più celebre del film *Rocco e i suoi fratelli*, con Alain Delon. Scena violenta e triste, molto lontana dal gioioso IdroPark di oggi.

**Indirizzo** Via Circonvallazione Idroscalo (strada Provinciale 14 aeroporto Linate) vari ingressi, 20090 Segrate (MI) – tel. 0270208197, www.idroscalo.info | **Mezzi pubblici** Bus 73 da San Babila a Linate aeroporto; Villetta-Tribune-Punta dell'Est-Bosco Nord (bus 183); sab e dom Linate (bus 930); domenica il bus 73 prolunga fino a Idroscalo | **Orari** Estate 7-21, inverno 7-17 | **Un suggerimento** Nella zona est (ingresso 3 – Punta dell'Est) c'è il parco delle sculture permanenti con opere all'aperto di artisti quali Giacomo Manzù, Luciano Minguzzi, Paolo Delle Monache e altri, in collaborazione con l'Accademia di Brera e La Permanente.

# 47_L'Isola di Frida

*Nel quartiere hipster in via d'estinzione*

A nord della cortina di ferro dei binari che entrano nella stazione di Porta Garibaldi c'è un quartiere che si chiama Isola, appunto perché isolato, un luogo come sospeso, scorporato dalla città e un po' hipster.

Negli ultimi tempi, col fatto che lì vicino sono sorti i grattacieli di Porta Nuova, con il palazzo della Regione e il centro direzionale Unicredit, il Comune ha cominciato a ripulirlo. Sulla carta un'iniziativa lodevole, ma Stefania ha un altro punto di vista.

Rimpiange i centri sociali sloggiati dalle loro sedi storiche e, con senso di realtà, esprime il timore che anche questi marciapiedi possano trasformarsi in una "corso Como" da happy hour per modelle e calciatori.

Tanto per ribadire il concetto, all'ingresso c'è un murales scarabocchiato sul muro, così chi entra sa a cosa va incontro: un locale multitasking e poco convenzionale dove Stefania gestisce il negozio Particelle Complementari, mostrando un raro buon gusto nella selezione degli oggetti e nell'allestimento.

Modernariato, t-shirt, abbigliamento ecologico e un frigorifero originale anni '50 usato come armadio. Nel cortile, l'ombelico del locale, Francesco, barba e maglione, gira tra i tavoli dove la gente viene per bere un caffè, mangiare un piatto caldo o incontrare gli amici.

A ridosso delle vetrate del capannone (in passato era una fabbrica di seggiole) c'è il bancone dell'aperitivo fatto di maioliche stile anni '60.

Anche qui filosofia bio a gogò, nel pavimento di legno e nei tavolini realizzati dallo studio Controprogetto, con il piano "Arlecchino" composto da un mosaico di rombi colorati, ma non esageratamente, per far rivivere gli scarti di falegnameria come è nello spirito recicling di questo studio di designer. Perché Frida punta alla sostenibilità in ogni dettaglio e, forte di ciò, dialoga con il quartiere.

Tra le iniziative, imperdibile il Clown Festival che si tiene ogni anno all'isola nella settimana di Carnevale.

Indirizzo Via Antonio Pollaiuolo 3, 20159 – 02680260, www.fridaisola.it | Mezzi pubblici Garibaldi (M2 Verde); Isola (M5 Lilla); Lambertenghi (tram 33); Lagosta (tram 7); Traù/Lagosta (bus 60) | Orari Lun-ven 10-15/18-2, sab 16-2, dom 12-1 | Un suggerimento In via Gaetano de Castillia 26 c'è la Stecca degli Artigiani dove hanno sede diverse associazioni, tra cui una ciclo officina che mette a disposizione (gratis) utensili e consulenza per riparare la propria bicicletta (www.piubici.org).

# 48_Jacaranda

*La vetrina del liutaio rock*

Insolito negozio, quello che mette in vetrina liutai al lavoro, mentre creano o riparano uno strumento nel laboratorio arrangiato al di là del bancone.

Sono Daniele e Davide che, con il "rock nelle vene" e grande perizia e sensibilità, affrontano questo difficile mestiere. Tutto è cominciato dall'incontro di Daniele Fierro con Carlo Raspagni, il vecchio liutaio milanese amico di Luigi Tenco, Enzo Jannacci, Fabrizio De André, Adriano Celentano e diversi altri musicisti famosi. Nel 1999 Daniele decide di aprire la liuteria Jacaranda con l'amico Luca provando a coniugare abilità artigianale e passione per gli strumenti a pizzico. "Oggi produciamo soprattutto bassi e chitarre elettriche, ma qui ripariamo di tutto: liuti, mandolini, ukulele," dice e indica lo strumento sul quale sta lavorando Davide Fossati, classe 1985, diplomato alla Civica Scuola di Liuteria di Milano. Insomma, una storia tutta cittadina.

Jacaranda è diventata un punto di riferimento per appassionati, musicisti e amatori, un negozio dove la gente passa anche solo a dare un'occhiata, grazie alla felice posizione di questa singolare bottega situata nel vivace quartiere dei Navigli. Molti gli amici (e i clienti) che frequentano il negozio, tra i quali nomi importanti come il bassista e produttore discografico Saturnino Celani, il polistrumentista Mauro Pagani della ex Premiata Forneria Marconi che ha suonato con Vecchioni, Ligabue e De André, il chitarrista Luigi Schiavone, il violinista (e collezionista di strumenti) Mario Pagani e non ultimo il re del jazz milanese Gigi Cifarelli.

Tutti pronti a scambiare notizie e battute sulle ultime tendenze con Daniele e Davide, custodi fedeli dell'idea originale di progettare strumenti personalizzati anche per i musicisti più esigenti.

Perché Jacaranda? Perché è il miglior legno per costruire le chitarre classiche, un palissandro di origine brasiliana, oggi specie protetta.

**Indirizzo** Via Corsico 8, 20144 – tel. 028394686, www.jacaranda.it | **Mezzi pubblici** Porta Genova (M2 Verde); Porta Genova (tram 2) | **Orari** Mar-ven 15:30-19, sab 9:30-15 | **Un suggerimento** I cultori del buon mangiare (e bere) trovano in corso di Porta Ticinese 55, l'osteria Al Pont de Fer (1 stella Michelin) guidata da una "donna del vino" molto esperta (lun-dom pranzo e cena, tel. 0289406277).

# 49_Il Jamaica

*Ritrovo bohémien degli artisti di Brera*

Se si vuole respirare l'aria di Brera, quella dei giovani artisti, creativi e spesso squattrinati, l'unico locale rimasto autenticamente bohémien è il Jamaica, rilevato da Carlo Mainini nel 1911. Difficile individuarlo oggi, perché è letteralmente assediato da un'infinità di bar e bistrot per turisti che invadono con i loro tavoli e ombrelloni i marciapiedi di via Brera.

Vicinissimo all'Accademia di Belle Arti, lo storico locale era il ritrovo di avventori creativi e sregolati che tiravano in lungo la notte davanti a un bicchiere di vino e non disdegnavano frequentare il vicino bordello di via dei Fiori Chiari 17 (con l'elegante scalinata liberty all'ingresso).

Ma durante il giorno, il caffè Jamaica si trasformava e assumeva un aspetto tutto perbene. Per il cappuccino arrivavano professori dell'Accademia e direttori di giornali, perfino Mussolini quando dirigeva *Il Popolo d'Italia*.

Nel '48 la gestione passò al figlio Elio che lo trasformò in un luogo d'incontro di artisti e letterati, cominciando a organizzare mostre (una tradizione che continua ancora oggi) che richiamavano personaggi come i poeti Quasimodo e Ungaretti, gli artisti Ennio Morlotti e Lucio Fontana, gli scrittori Nanni Balestrini e Antonio Recalcati, il fotografo Ugo Mulas e il commediografo Dario Fo.

Oggi la tradizione di famiglia prosegue con Micaela, rimasta fedele allo spirito originario del locale. Ritroviamo il vecchio bancone di legno, i pavimenti consunti e, soprattutto, i prezzi di un bar di quartiere che non se la tira perché è a Brera. Grazie a lei il Jamaica resiste, ostinatamente, senza lasciarsi sedurre dalla modernità.

Angolo di una Milano in via d'estinzione, dove si può mangiare una cotoletta alla milanese alle due del mattino e parlare di cultura. L'unica novità, il ristorante al piano superiore con le foto in bianco e nero degli anni Cinquanta, quando qui si giocava a carte scommettendo soldi e anche opere d'arte.

**Indirizzo** Via Brera 32, 20121 – tel. 02876723, www.jamaicabar.it | **Mezzi pubblici** Montenapoleone (M3 Rossa), Lanza (M2 Verde); San Marco (bus 61) | **Orari** Lun-dom 8-2 | **Un suggerimento** Al n.13 di via dei Fiori Scuri c'è ancora la scritta in terracotta dell'antica farmacia rilevata da Carlo Erba nel 1837 che qui fondò la prima casa farmaceutica italiana, conducendo importanti ricerche anche sulla cannabis.

# 50_La Scala dietro le quinte

*I laboratori del teatro dove si costruisce la scena*

Come il Duomo, anche la Scala ha la sua "veneranda fabbrica" di 20.000 mq nei padiglioni dell'ex area industriale Ansaldo di Porta Genova.

150 persone tra tecnici, meccanici, falegnami, sarti e costumisti che qui preparano anche tre spettacoli contemporaneamente. Circa 3 o 4 mesi di lavoro per un'opera come il *Fidelio* o l'*Aida*, e un palcoscenico identico nelle misure a quello del Piermarini in piazza della Scala per collaudare l'allestimento.

Anche questo contribuisce al prestigio di uno dei pochissimi teatri al mondo in grado di costruire da sé l'intero spettacolo, dal bozzetto alla messa in scena. Quando in sala le luci si abbassano e il sipario di velluto rosso si apre, quello che si vede è tutto "made in la Scala".

Tra le quinte di questa struttura hollywoodiana si scoprono i laboratori dove si preparano i fondali colorati e le sculture in polistirolo che costituiscono le basi degli spettacoli futuri. Impressionanti i giganteschi carroponte dell'officina meccanica per assemblare i pezzi di scena, mentre i corridoi della sartoria sono pieni di costumi appesi pronti per essere spediti in teatro, tra i quali si riconoscono quelli di Violetta della *Traviata* o di Mimì della *Bohème*.

I sarti, guidati dalla costumista, tagliano, cuciono, colorano, sgualciscono e invecchiano le stoffe, ma se hanno appena cominciato a lavorare su una nuova opera, si rischia di vedere solo i manichini con attaccato il disegno del bozzetto ancora da realizzare.

Alla fine il risultato deve essere perfetto, dato che oggi la tv mostra al pubblico anche i più piccoli dettagli, mentre in passato la distanza tra il palco e la platea concedeva degli sconti. 1.500 armadi contengono 60-70 costumi di scena ciascuno, i più antichi dei quali risalgono agli anni Venti.

Alla fine della visita ne viene mostrata una selezione storica che corrisponde alle opere in cartellone, e magari sono stati indossati da Pavarotti, Nureyev o la Callas…

**Indirizzo** Laboratori Ansaldo-La Scala, via Bergognone 34 (ang. via Tortona), 20144 – www.teatrolascala.org | **Mezzi pubblici** Porta Genova (M2 Verde); Porta Genova (bus 47, 74, 170, 325); Bergognone (bus 68) | **Orari** Mar e gio solo su prenotazione (Associazione Civita – tel. 0243353521, servizi@civita.it). È possibile iscriversi a gruppi in formazione o pagare l'intera tariffa della visita | **Un suggerimento** Di fronte, l'edificio progettato da Mario Cucinella per la Deloitte è un esempio di riqualificazione architettonica con soluzioni bioclimatiche innovative che utilizzano il sistema a doppia pelle (via Tortona 25).

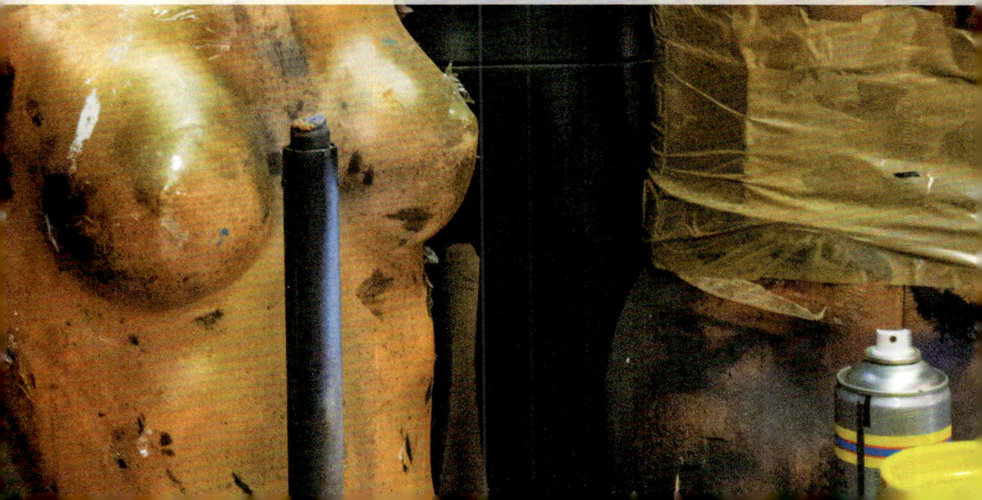

# 51 Ladri alla finestra

*I maestri vetrai della Veneranda Fabbrica del Duomo*

Sono sempre in alto, troppo in alto: nella maggior parte dei casi le vetrate delle cattedrali sono irraggiungibili allo sguardo. D'altra parte il loro scopo principale non era estetico ma pratico, servivano a filtrare la luce all'interno delle navate.

È un destino ingrato quello dei maestri vetrai a cui la storia avrebbe dovuto rendere maggior merito. Il dovuto omaggio alla loro perizia arriva finalmente dal nuovo Museo della Fabbrica del Duomo, grazie anche a un allestimento molto suggestivo.

Per raggiungere la sala delle vetrate si attraversa un dedalo di sculture, una galleria di facce zoomorfe con mostri e draghi a bocca aperta, i cosiddetti doccioni che svolgevano la funzione di canalette di scolo dell'acqua, si superano guglie intarsiate di ogni foggia e dimensione, e infine si arriva alla meta.

Una moderna scenografia in semi oscurità esalta i colori vivi di ben trentadue vetrate retroilluminate realizzate tra il XII e il XVI secolo. Ed eccoli lì i due ladroni, il buono e il cattivo legati alla croce con movimento plastico. Il ladro buono rivolge lo sguardo verso l'alto, come per affidarsi alla speranza divina, mentre il cattivo guarda in basso, immusonito, con un serpente (il demonio) che gli alita sulla testa.

Il cielo azzurro dello sfondo è sovrastato da arabeschi di nuvole minacciose. Tutto è visibile nel più piccolo dettaglio: i muscoli del torace, i riccioli dorati della barba, il piegamento forzato delle gambe, la compressione del bacino dovuta alla scomoda posizione.

Un lavoro realizzato nel Cinquecento da maestranze nordiche, eredi di una lunga tradizione nelle cattedrali gotiche. La collocazione originaria era nel finestrone absidale del Duomo dedicato al Nuovo Testamento, a fianco della crocefissione di Cristo. Poi nel XIX secolo, in occasione di alcuni lavori, i ladri vennero tirati giù, e oggi finalmente si può apprezzare da vicino il prezioso lavoro del vetraio tedesco Corrado de' Mochis.

**Indirizzo** Museo del Duomo, piazza Duomo 12, 20122 – tel. 02860358, www.museo.duomomilano.it | **Mezzi pubblici** Duomo (M1 Rossa e M3 Gialla) | **Orari** Mar-dom 10-18 (ultimo ingresso 16:45) | **Un suggerimento** In via delle Ore 3, accanto all'Arcivescovado, si trova l'Ambrosianeum, un curioso edificio rotondo decagonale del Cinquecento, con all'interno una sala rotonda sorretta da colonne, oggi sede di una fondazione (www.ambrosianeum.org).

# 52 La leggenda della scrofa

*Il mito che i milanesi volentieri dimenticano*

Come la lupa è il simbolo di Roma, così la scrofa semilanuta rappresenta il mito fondante di Milano. Un animale, diciamolo, non altrettanto nobile, dato che appartiene al genere dei suini. Forse per questo le sue raffigurazioni sono rare.

A Milano compare solo in due luoghi: nel bassorilievo di marmo di un capitello che sostiene uno degli archi del Palazzo della Ragione, nella magnifica piazza medioevale dei Mercanti, e in uno stemma incastonato nel cortile di Palazzo Marino, oggi sede del municipio.

La storia raccontata da Tito Livio è simpatica. Sembra che nel VI secolo avanti Cristo il re celtico Ambigato inviò i suoi due nipoti a colonizzare nuove terre. Effettivamente in quel periodo alcune tribù insubriche della Gallia transalpina attraversarono le Alpi raggiungendo l'Italia. Da qui in poi il testo prosegue discostandosi dalla realtà storica e virando verso la mitologia.

Uno dei due fratelli, Belloveso, avrebbe avuto una visione: una femmina di cinghiale con la parte anteriore del corpo ricoperta da un pelo molto lungo ("semilanuta") che pascolava in mezzo a una fertile radura tra gli alberi, vicino a due corsi d'acqua. La scrofa, considerata dai Celti un animale sacro, guarda caso era identica a quella raffigurata sullo scudo di Belloveso.

Il condottiero interpretò quel segno come un auspicio divino e un invito a costruire in quel luogo la nuova città. Gli dette il nome di *Medhe-lan*, che in gallico significa "terra-di-mezzo o pianura-di-mezzo", nome che poi venne trasformato nel latino *Medio-lanum*, cioè "semi-lanuta".

Ma c'è un mistero, il bassorilievo incastonato nel capitello è più antico del palazzo, che risale al XIII secolo d.C.; forse venne trovato durante gli scavi per costruire l'edificio e riutilizzato come decorazione. Oggi pochi si accorgono della scrofa, chissà che invece la pregiata salumeria lombarda non derivi proprio da questo antico imprinting.

Indirizzo Piazza dei Mercanti, 20122 | Mezzi pubblici Duomo (M1 Rossa e M3 Gialla); Cordusio (tram 12, 14, 16) | Un suggerimento Sotto il loggiato si può sperimentare un effetto acustico usato dai mercanti per parlare tra loro senza farsi udire da altri. Basta individuare due colonne con un foro disposte obliquamente: parlando vicino al foro, si viene uditi in prossimità dell'altra colonna.

# 53_ Lirica Shop

*Il fermacarte di Giuseppe Verdi*

All'entrata sembra uno shop museale come tanti, merchandising di oggetti, ninnoli e graziose cianfrusaglie totalmente inutili se pur esteticamente seducenti, insomma una felice mescolanza di design creativo e tradizione secolare, grazie al logo del Teatro alla Scala che compare ovunque e che tutti conoscono.

Soprattutto chi è appassionato di lirica può trovare sugli scaffali il regalo che cercava: un portachiavi con la locandina storica de *La Bohème* di Puccini andata in scena nel 1956, l'astuccio portapenne firmato La Scala 1778, il fermacarte Giuseppe Verdi o il puzzle che riprende la facciata del teatro, dipinta da Angelo Inganni nel 1852. E poi cartoleria di ogni tipo, tazze, magliette, borse e pochette femminili con immagini e versi dell'*Aida* o della *Traviata*. Per essere al passo coi tempi anche un porta tablet foderato di rosso o un mousepad con locandina del *Nabucco* rappresentato alla Scala il 7 dicembre del 1966.

In questa caccia al tesoro, un po' chic e un po' kitsch, si possono trovare spunti originali, ma per scovare le vere chicche bisogna scendere le scale e recarsi al piano inferiore. Qui le cose si fanno serie: libri di musica, danza, lirica, anche libri illustrati con i costumi di scena che i bambini possono ritagliare e costruire, scoprendo così la storia di ogni personaggio.

Fotografie in bianco e nero che rievocano gli spettacoli del glorioso passato scaligero, la collaborazione artistica con Arturo Toscanini, gli anni '50 con il debutto di Maria Callas "la divina", *miracolosa gola* che lasciava il pubblico a bocca aperta. Tanti i CD delle opere più famose e, particolarmente preziose, le edizioni speciali prodotte dallo stesso Teatro alla Scala.

Meraviglie che appartengono ormai a un altro mondo, come la ristampa in vinile della mitica registrazione del *Concerto per violoncello n.2 in B minore* di Antonín Dvořák interpretato da Rostropovič, un LP da veri collezionisti.

**Indirizzo** Piazza della Scala (a fianco del teatro), 20121 – tel. 0245483257, www.lascalashop.it | **Mezzi pubblici** Duomo (M1 Rossa, M3 Gialla); Manzoni (tram 1) | **Orari** Lun-dom 10:30-19:30 | **Un suggerimento** Il Caffè Biffi, nella Galleria Vittorio Emanuele II, oltre a essere uno dei più antichi di Milano (1867) era frequentato dalla Callas, da Toscanini, da Nureyev e dagli habitué del Teatro alla Scala dopo i concerti.

# 54 La Madonna che piange

*Nel cortile del vecchio Lazzaretto*

A Milano c'è una madonna che piange. No, non è la famosa "Madonnina", ma la Vergine col bambino dipinta da un monaco del Monte Athos e donata alla comunità ortodossa russa della chiesa di San Nicola. Un cartello sul marciapiede indica l'ingresso laterale a cui altrimenti nessuno farebbe caso. Si entra in un cortile incastonato nel verde, tra vasi e piante quasi invalicabili, reso ancora più angusto dalle decine di icone sacre, crocifissi, candelabri e brocche sotto il porticato su cui si affacciano le cappelle. Come testimoniano alcune lapidi sul muro, l'edificio faceva parte dell'antico Lazzaretto descritto da Alessandro Manzoni nei *Promessi sposi* ai tempi della Peste a Milano.

Il minuscolo cortile-giardino è un'oasi di pace e serenità dove viene voglia di fermarsi. Seduti sulle panche sotto il loggiato, spesso si ascolta il canto triste e soave che proviene dalla prima cappella dove alcune donne straniere pregano a voce alta nella propria lingua. Riparata da un baldacchino di velluto rosso, la Beata Vergine col Bambino in braccio riceve qui i suoi ospiti. Ogni tanto piange, chissà, forse nell'ascoltare i dolori dell'umanità che le fa visita: cristiani sfuggiti alle persecuzioni in Medio Oriente, eritrei, russi, moldavi, rumeni.

Anche il bambinello lacrima. Sembra sia un olio vegetale che emana un'essenza profumata senza lasciare tracce sul dipinto. Il fenomeno è cominciato la prima volta nella primavera del 2010 e da allora si ripete periodicamente richiamando una folla di pellegrini. Si dice che una donna sia guarita dal cancro, un'altra ritenuta sterile pare abbia partorito un bel bambino.

Il Metropolita Evloghios, lunga barba bianca da ottantenne, conferma il mistero che "umanamente non si può spiegare". Si può crederci o meno, ma nel rumoroso quartiere tra corso Buenos Aires e la Stazione Centrale, la pace di questo accogliente cortile di preghiera è già comunque un miracolo.

**Indirizzo** Chiesa ortodossa russa San Nicola, via San Gregorio 5, 20124 | **Mezzi pubblici** Lima (M1 Rossa); Settembrini (tram 1, 5), Tunisia (tram 1, 5) | **Un suggerimento** In corso Buenos Aires, il viale dei negozi costruito nell'Ottocento dopo la demolizione del quartiere del Lazzaretto, al numero 20 c'è il buon odore del caffè Ambrosiano, la storica torrefazione milanese in un piccolo ma prezioso bar con molte miscele di caffè (lun-dom 7-19:30).

# 55 La Martesana

*In bicicletta lungo il Naviglio di Leonardo da Vinci*

Un tempo c'erano i Navigli, oggi ci sono le piste ciclabili. La più gettonata è quella della Martesana che corre lungo l'antico canale di collegamento tra Milano e il fiume Adda, a est della città. Questo significa che si può pedalare ininterrottamente dai grattacieli di Porta Nuova fino a Lecco, sul lago di Como.

Basta seguire il fiume, ammirare le conche disegnate da Leonardo da Vinci nel famoso *Codice Atlantico*, i castelli viscontei, le prime centrali idroelettriche del Novecento, pedalare sotto il ponte di Paderno d'Adda, ardita opera di ingegneria che con un'unica campata di ferro collega le due rive della gola, e a Imbersago salire sul traghetto disegnato dal maestro del Rinascimento, l'unico ancora in funzione che sfrutta il movimento dell'acqua.

Per poter godere di tutto questo, basta arrivare in fondo a via Melchiorre Gioia, all'altezza di Cassina de' Pomm, la vecchia locanda col glicine rampicante dove oggi si trova il Caffè Martesana. Qui il vecchio Naviglio riemerge a cielo aperto, fiancheggiato dalla pista ciclabile. Viene chiamato anche Naviglio Piccolo e in 38 km affronta un dislivello di 19 metri, che veniva superato dalle imbarcazioni grazie al sistema delle conche leonardesche.

La barca entrava in una roggia laterale, le porte si chiudevano e veniva immessa o tolta acqua fino a raggiungere lo stesso livello del canale esterno. Il tratto fino a Cassina de' Pomm fu inaugurato nel 1471, mentre quello che entrava in città (attualmente interrato) collegandosi alla navigazione interna al Tombòn de San Marc (Brera), fu ultimato nel 1496.

Erano gli anni in cui Leonardo era ospite degli Sforza. Nel Cinquecento il Naviglio nella campagna lombarda era come la ferrovia nel Far West americano dell'Ottocento. Cascine, borghi, ville patrizie e locande cominciarono a sorgere una dopo l'altra fino a disegnare il paesaggio di oggi, apprezzato nel weekend da intrepide famiglie di ciclisti.

**Indirizzo** Via Tirano, 20125 Milano | **Mezzi pubblici** Gioia/Tirano (bus 43, 81) | **Un suggerimento** In via Cristoforo Gluck 45 si trova il Museo del Manifesto Cinematografico Fermo Immagine, luogo di ritrovo per appassionati che propone incontri, mostre e rassegne cinematografiche. All'interno c'è il Caffè degli ignoranti, una biblioteca e un archivio permanente di poster che hanno colorato il paesaggio urbano entrando nel nostro immaginario (www.museofermoimmagine.it, orario: mar-dom 14-19).

# 56_Martini Bar

*L'aperitivo griffato di Dolce & Gabbana*

Nel famoso "quadrilatero della moda" si può vivere un'esperienza glamour al Bar Martini di Dolce & Gabbana, nato nel 2003 dalla collaborazione dei due famosi brand della "Milano da bere" e della moda.

Il locale, a due passi da San Babila, si affaccia su corso Venezia tramite una galleria che conduce in uno storico palazzo del Settecento. Si può entrare anche dallo store uomo D&G, passando attraverso scaffali di scarpe nere lucide, borse e cravatte, fino ai tavoli da caffè del giardino d'inverno, tutto rivestito di vetro e piante. Un look ricercato e volutamente minimalista per incontri veloci.

Ci si va per bere un caffè o mandare giù un boccone coi colleghi. Sorprende in tanta sublime eleganza poter ordinare un "Martini Big", panino con hamburger che strizza ironicamente l'occhio al popolare McDonald's, ma, sottolinea il cameriere, fatto con carne di qualità. Infatti, benché all'ora di pranzo i milanesi abbiamo sempre fretta, amano essere accolti con stile dal personale, tutto maschile e giovanissimo. Qui le apparenze contano davvero molto e come potrebbe essere altrimenti?

L'atmosfera del bar è classicamente D&G, dominata dal colore nero. L'aperitivo griffato, cocktail Dolce & Gabbana Martini, è stato creato ad hoc per dissetarsi seduti sui divanetti in pelle in un ambiente di luci soffuse molto dark, ideato dal designer Ferruccio Laviani. Risalta il dragone rosso sul pavimento di mosaico, mentre dal soffitto cala come un sole infuocato il lampadario, sempre rosso, di vetro soffiato di Murano.

Ultima sciccheria – impegnativa per il portafoglio – è il ristorante Martini Bistrot, rievocazione barocheggiante dei lussuosi locali milanesi anni Cinquanta, sedie di velluto rosso, pannelli damascati e cornici d'oro agli specchi disegnati da Gio Ponti. Fatto per meravigliare gli occhi e sedurre il palato in una mescolanza di sapori mediterranei e creatività internazionale.

**Indirizzo** Corso Venezia 15, 20122 – tel. 0276011154 | **Mezzi pubblici** San Babila o Palestro (M1 Rossa) | **Orari** Lun-sab 7:30-1, dom 9-24 | **Un suggerimento** La Casa Fontana-Silvestri in corso Venezia 10 è uno degli esempi meglio conservati di palazzo rinascimentale (fine XIV sec.) come si vede dalle decorazioni in cotto della facciata. Attraverso il cancello (chiuso) s'intravede il loggiato interno.

# 57 Il Massimo del Gelato

*La seduzione del pistacchio di Bronte*

Un gelato davvero al massimo in un quartiere residenziale nella zona nord di Milano che si caratterizza proprio per queste piccole realtà, imprevedibili e talvolta di grande eccellenza. A mangiare quello al pistacchio di Bronte, con retrogusto salato, arrivano anche dall'hinterland, come è giusto che sia.

Varcato l'ingresso, davanti agli occhi sfila la successione di 32 vasche colorate di gusti differenti. Scegliere quale assaggiare è un vero rompicapo. La frutta, a parte alcune varietà, cambia di stagione in stagione perché qui si usano prodotti bio e si presta molta attenzione alla provenienza.

D'inverno la noce del Salento, in primavera l'immancabile fragola, d'estate lamponi, mirtilli, more e al tempo della vendemmia l'uva fragola, nera e dolcissima. Con note esotiche come il mango indiano, giallo come un pennarello evidenziatore.

Però l'orgoglio di famiglia è il cioccolato, presente tutto l'anno con otto specialità diverse. Si va dall'italica Domori, cacao al 75% con e senza liquore, fino al *criollo* venezuelano, passando per l'oro puro, amaro al 100%. Le qualità speziate con peperoncino e cannella evocano il film *Chocolat* con Juliette Binoche diretto dal regista Lasse Hallström. E irresistibile è la spudorata seduzione della crema di cacao nelle sue molteplici trasformazioni.

Impossibile non assaggiare il gianduia sul quale il mastro gelataio Massimo Travani ha lavorato anni per ottenere l'alchimia di grassi e fluidi che regalano alle papille gustative piaceri intensi. Ci sono le mandorle di Noto (Sicilia) e le nocciole del Piemonte, qui la materia prima la fa da padrone.

Creata con i limoni siculi, la crema Ortigia, molto delicata, porta con sé il sole e i profumi del Mediterraneo. Al Sud e alla sua gioia di vivere è dedicata la cassata siciliana ricca di canditi. Ma attenzione a non mangiarne troppo perché davanti a tanta bontà è difficile controllarsi, soprattutto in estate.

**Indirizzo** Via Lodovico Castelvetro 18, 20154 – tel. 023494943 | **Mezzi pubblici** Piero della Francesca/Domodossola o Sempione/Domodossola (bus 43, 57); Sempione/Arona (tram 1, 19) | **Orari** Mar-sab 12-24 (chiuso dal 25 dicembre a metà febbraio) | **Un suggerimento** C'è una gelateria gemella in piazza Risorgimento (ang. via Pisacane). Il Massimo del Gelato ha ricevuto numerosi riconoscimenti sia dal Gambero Rosso che da altre guide dedicate alle eccellenze italiane.

# 58_La “montagnetta” finta

*Dove si allenano gli atleti e si ricordano i “Giusti”*

Nasce dalle macerie della guerra questo strano parco cittadino a forma conica che assomiglia alla torre di Babele. I resti dei palazzi crollati a causa dei bombardamenti del ’43 e ’44 dovevano pur essere messi da qualche parte e così, durante la ricostruzione, venne progettato il Monte Stella, 50 metri di altezza contro i 9 pensati all’origine.

Uno straordinario panorama sulle Alpi si apre sulla cima, ma bisogna arrivarci e richiede un certo fiato. Proprio grazie al suo dislivello, il Monte Stella è diventato uno dei luoghi di allenamento preferiti dagli sportivi, dai podisti, dai runner e dai ciclisti. Vialetti e sentieri gli girano intorno in modo sinusoidale, intersecandosi in un’infinita possibilità di percorsi, anche se i biker più spericolati privilegiano le rampe ripide e le scorciatoie da downhill. Dopo mezzo secolo di vita gli alberi sono cresciuti creando un ambiente fresco e piacevole d’estate, grazie ad aceri, bagolari, olmi, boschetti di betulle, platani, cedri e ippocastani.

La cosa buffa è che d’inverno basta un po’ di neve che la “montagnetta”, come la chiamano i milanesi, si riempia di slittini, snowboard e sciatori. Incredibile come un rilievo così piccolo, soprattutto al cospetto delle Alpi che si vedono in lontananza, possa diventare un parco giochi tanto creativo.

Nel 2003, un’area di 300.000 metri quadrati, sempre nel parco Monte Stella, è stata dedicata alla memoria di coloro che hanno sacrificato la vita per il bene dell’umanità, così è nato il Giardino dei Giusti di tutto il mondo. Un prato dove per ogni “giusto” è stato piantato un albero: vi compaiono Pietro Kuciukian che si è prodigato per salvare gli Armeni, l’esploratore norvegese e Nobel per la pace Fridtjof Nansen, il politico libanese assassinato Samir Kassir, la giornalista russa che denunciò le stragi di civili ceceni Anna Politkovskaja e molti altri. Da tanta forza non possono che crescere alberi straordinari.

**Indirizzo** 4 ingressi: via Cimabue (per il Giardino dei Giusti), via Sant'Elia, via Enrico Terzaghi e via Isernia, 20148 | **Mezzi pubblici** QT8 (M1 Rossa); Santa Maria Nascente (bus 68), Croce/Sant'Elia (bus 40, 69) | **Un suggerimento** In via Paolo Uccello 19 c'è la villa Fossati, nota come "villa Triste", perché nel giugno del '44 vi si insediò la famigerata banda Koch. I nazisti torturavano qui i prigionieri politici. La famiglia Fossati, non volendo rientrare tra queste mura, l'ha donata a un istituto religioso che tutt'ora vi risiede.

# 59 Il muro delle bambole

*Contro la violenza sulle donne*

Non è la vetrina di un negozio di giocattoli, anche se verrebbe voglia di tirare giù alcune di quelle bellissime bambole e portarsele a casa. Le bambine che passano di lì rimangono interdette, vedendole appese a una grata sul muro della Casa dei Diritti, in Porta Ticinese, e ogni giorno ce n'è una in più. Ma perché stanno lì?

*Wall of Dolls* è il nome dell'installazione contro il femminicidio e la violenza sulle donne, ideata dalla poliedrica artista Jo Squillo che è riuscita a coinvolgere decine di associazioni, numerose personalità del mondo della cultura e dell'arte, 50 brand della moda. D'altro canto, quante stiliste hanno iniziato proprio cucendo i vestiti alle loro bambole? La performance è cominciata nell'estate 2014 in occasione dell'apertura della Settimana della Moda Uomo. Dato che il fenomeno è purtroppo sempre attuale, la voce muta delle bambole è diventata un grido permanente.

Ce ne sono tantissime, le più vecchie hanno il vestitino sciupato, la stoffa sbiadita dal sole, le labbra smunte, ma pazienza, ci sono le nuove arrivate: gioiose, paffute, coi capelli arruffati e le gambe lunghe. Tutte coloratissime e, benché sorridano, in realtà sono molto, molto arrabbiate.

Le bambine si avvicinano, attraversano la strada per raggiungere l'altro marciapiede, fanno domande ai genitori. La risposta è unica: stare all'erta. Colpiscono alcune frasi appese, una in particolare: "Se leggi la cronaca nera ti accorgi che spesso il nemico è vicino… in famiglia!".

Il monito viene da Rapunzel, Sbrodolina, la Sirenetta e tante altre anonime, come spesso sono anonime le donne che subiscono aggressioni, una su tre in Europa, secondo le statistiche. Occhieggiano dal muro, dolci e moderne, scapigliate, sexy, di plastica o di pezza. Vanno dall'intramontabile Barbie alla *mamita* sudamericana col poncho. Chiunque passa può appendere la sua, messaggio multietnico di una città al femminile.

**Indirizzo** Via Edmondo De Amicis 2, 20123 | **Mezzi pubblici** Ticinese (bus 94, 163); Correnti (tram 2, 14) | **Un suggerimento** In via Arena 7 c'è il vivaio delle Sorelle Riva, una piccola giungla di piante da vaso, azalee e gelsomini gestito da due signore col pollice verde e punto di riferimento dei milanesi per rinnovare le terrazze. Organizza laboratori per bambini e aperitivi in una cornice botanica suggestiva (lun-sab 8:30-12:30 e 14:30-18:30).

# 60 N'ombra de vin

*La storica cantina della "Milano da bere"*

Per entrare nel mondo di Bacco, bisogna scendere le scale di un ex refettorio dei frati agostiniani adiacente alla basilica di San Marco. Siamo nel quartiere di Brera e la sala cinquecentesca è ancora perfettamente conservata, suddivisa in due navate con le volte a crociera sostenute, nella parte centrale, da una fila di colonne di granito. La frescura del sottosuolo e la sua atmosfera antica sono l'ideale cornice di questo tempio dell'enologia con gli scaffali pieni di bottiglie e cassette di vino ovunque.

3.000 etichette, di cui quasi un terzo dedicate ai *cru* francesi con prevalenza Bordeaux e Borgogna, orgoglio della famiglia Corà di cui oggi l'erede è Cristiano. Il locale, aperto da suo padre nel 1977 inizialmente solo per la vendita, forniva i migliori ristoranti milanesi. Poi ha aggiunto anche mescita e degustazione, diventando l'enoteca cult della "Milano da bere", espressione con cui si usava chiamare la movida serale nei floridi anni '80.

Ancora oggi è il salotto d'eccellenza più rinomato e rispettato in questo campo. Nell'ora dell'aperitivo, lo si riconosce per la folla che sosta in strada davanti all'ingresso della zona *wine bar*. La carta dei vini a calice, da sorseggiare con qualche spuntino prima di cena, propone una selezione di decine di etichette. Mentre in basso, in fondo alle scale, c'è l'antico bancone in legno della mescita, dove su una scenografica vasca di granito sono allineati i paioli di rame colmi di ghiaccio che conservano al fresco bianchi e spumanti da servire al momento.

Le etichette tutt'intorno, a 360 gradi, mostrano la particolare attenzione dedicata ai vini piemontesi, Barolo in testa, e ai "Super Tuscan" come il Brunello Rosso di Montalcino.

Ma quello che conta davvero è l'intuizione di Cristiano Corà nello scovare i piccoli produttori emergenti capaci di grande eccellenza, perché è da lì che arrivano le sorprese, anche se non sempre a buon mercato.

**Indirizzo** Via San Marco 2, 20121 – tel. 026599650, www.nombradevin.it | **Mezzi pubblici** Lanza e Moscova (M2 Verde); Pontaccio (bus 61) | **Orari** Lun-sab 9-1:30 | **Un suggerimento** In via Solferino 27, a dir la verità un po' in alto, c'è la targa che ricorda l'abitazione del musicista Giacomo Puccini che qui visse dal 1887 al 1900 componendo, tra le altre cose, *La Bohème* e *Tosca*.

# 61 Il neon di Lucio Fontana

*La luce che illumina il Duomo*

I due edifici in stile razionalista del Palazzo dell'Arengario guardano il Duomo come sentinelle apparentemente disgustate di fronte agli eccessi estetici della cattedrale. Giudici severi, la cui forma sobria si contrappone a quell'immenso apparato di orpelli decorativi, guglie, statue e diaboliche figure zoomorfe che ornano la grande basilica. Insopportabile allegoria per l'architettura fascista del Ventennio, che tentò di trasformare la piazza più barocca di Milano nel palcoscenico dei discorsi del Duce.

Il progetto del 1937 è degli architetti Portaluppi, Muzio, Magistretti e Griffini, mentre le decorazioni sulla facciata sono di Arturo Martini.

Se si osserva bene, le due torri squadrate aprono una breccia che si confronta direttamente con l'arco della Galleria Vittorio Emanuele II di fronte. I muri esterni sono rivestiti con lo stesso marmo pregiato di Candoglia, utilizzato cinque secoli prima nella costruzione del Duomo. Quel marmo il cui trasporto richiese la creazione di un sistema di Navigli fino dentro la città. Oggi in questa austerità razionalista, neanche troppo aulica come in altri palazzi dell'epoca, c'è una straordinaria modernità.

L'edificio è alleggerito dalla successione delle vetrate disposte su due livelli che illuminano gli spazi interni, oggi adibiti a museo del Novecento. La luce è un elemento dominante della piazza: da quella che scende dalle voliere liberty della Galleria Vittorio Emanuele II, ai marmi bianchi della basilica che riflettono il sole di giorno e la luna di notte.

Un'altra sorgente luminosa si aggiunse nel 2011, cento anni dopo la pubblicazione del manifesto futurista: è quella fluorescente di Lucio Fontana, progettata dall'artista nel 1951 per lo scalone del palazzo della Triennale, formata da 130 metri di neon che si attorcigliano come un arabesco. Appesa all'ultimo piano dell'Arengario, la sera attraversa le vetrate e aggiunge la sua luce alla piazza.

**Indirizzo** Piazza Duomo, 20121, www.museodelnovecento.org | **Mezzi pubblici** Duomo (M1 Rossa e M3 Gialla) | **Orari** Lun 14:30-19:30; mar, mer, ven, dom 9:30-19:30; gio e sab 9:30-22:30 (ingresso consentito fino a un'ora prima della chiusura) | **Un suggerimento** In corso Monforte 19 si trova lo showroom Artemide, leader nel design delle lampade, e in via San Damiano 3, quello Guzzini.

# 62_New Old Camera

*Il cortile vintage della fotografia*

La cara vecchia macchina fotografica ha trovato nella corte di Ryuichi Watanabe una casa accogliente e una vetrina da collezione. Come spesso accade a Milano, i palazzi hanno cortili nascosti, insospettati e pittoreschi, come questo nella centralissima via Dante.

Entrando, si percepisce subito l'atmosfera vintage e romantica di un mondo in bianco e nero, quello della fotografia con "F" maiuscola, dove l'arte dell'inquadratura e dello scatto si uniscono al miracolo della meccanica di una fotocamera.

Rigore zen e poesia sono i cardini della filosofia di Watanabe, direttore d'orchestra, giapponese d'origine e italiano d'adozione, arrivato in Italia perché innamorato dell'opera lirica. Infatti è per perfezionare la tecnica del bel canto che Watanabe, di formazione musicologo, ha scelto Milano come sua città d'elezione. Ma l'amore per le cose belle è invasivo come l'ortica, e passando dal canto alla fotografia, Ryuichi ha sviluppato la sua passione per le fotocamere facendo di questo cortile, nel giro di pochi anni, un punto di ritrovo (ma non solo) per gli appassionati di Leica come lui.

Qui s'incontra una competenza fuori del comune e si può dialogare con uno staff molto preparato di fotografi e riparatori che manipolano ogni obiettivo, ogni corpo macchina, ogni strumento ottico come se fosse un'opera unica dell'ingegno umano.

C'è chi viene a vendere la sua cara macchina fotografica, e se fino all'ultimo momento era indeciso se darla via o meno, avrà almeno il conforto di sapere che di certo andrà in mano a qualcuno che la amerà quanto lui.

Altri arrivano solo per scoprire un cortile della vecchia Milano e sbirciare le vetrine, ammirare una rarissima Rolleiflex Wide con ottica Zeiss e una Leica M2 del 1962. Si organizzano stage, si dà un'occhiata alla galleria fotografica o, più semplicemente, si viene a fare due chiacchiere con altri fotografi per far circolare le idee e l'immaginario.

**Indirizzo** Via Dante 12, via Rovello 5, 20121 – tel. 0236589216, www.newoldcamera.it | **Mezzi pubblici** Cairoli e Cordusio (M1 Rossa); Dante (tram 16, 27); Cairoli (tram 1) | **Orari** Lun 15:30-19, mar-sab 10-13 e 15:30-19 | **Un suggerimento** In Largo Cairoli 2a c'è i Parallelozero Cafè, gestito da un'agenzia fotografica di noti fotoreporter. Spazio per mostre e incontri con la fotografia (consultare il sito: www.parallelozero.com).

# 63_Olinda

*Il giardino della follia creativa*

Benché da tempo i cancelli dei manicomi siano aperti, il disagio mentale si percepisce ancora passeggiando lungo il viale di tigli, tra i padiglioni dell'ex ospedale psichiatrico Paolo Pini. "Un parco di confine" spiega Rosita, socio fondatore della cooperativa La Fabbrica di Olinda.

Al di là della strada c'è il Bronx, che qui si chiama Quarto Oggiaro. Ma grazie al suo lavoro e a quello di altre associazioni, il parco è diventato un'officina di idee, d'incontri e di creatività che culmina in estate con una rassegna ricca di eventi e un nome molto azzeccato: "Da vicino nessuno è normale".

Punto nevralgico è il Teatro La Cucina, realizzato all'interno delle ex cucine dell'istituto. Qui nei mesi invernali, quando non ci sono rassegne, vengono ospitate le compagnie teatrali che cercano un palco per provare i loro spettacoli. L'ostello (aperto tutto l'anno) diventa improvvisamente una foresteria per attori, clown, mimi e musicisti, il bistrot è la loro tavola da pranzo.

Una comunità bizzarra che si mescola alla gente del quartiere venuta a passeggiare tra i viali, senza più fare caso ai proclami leninisti appesi da un ex paziente chiamato affettuosamente "il bolscevico". Un certo disagio, però, deve aver contagiato il burbero e vecchio gallo che ha improvvisamente cominciato a beccare i polpacci dei novelli contadini, nell'area dedicata agli "orti condivisi", tanto da doverlo chiudere nel recinto.

Qui si coltivano pomodori, peperoni, piante officinali e altri ortaggi, un vero e proprio pezzo di campagna strappato alla città, dove non regna un ordine svizzero ma è tutto molto autentico. Ormai inserito nel quartiere, il parco è un esempio di integrazione, proprio come Olinda, la città invisibile di Italo Calvino che cresce a cerchi concentrici e non fa mai periferia. Ognuno può venire a passeggiare con serenità nel verde perché qui, per fortuna, siamo ancora al di qua del Bronx.

Indirizzo Via Ippocrate 45, 20161 – tel. 0266220171, www.olinda.org | Mezzi pubblici Affori (M1 Rossa) | Un suggerimento In città (corso Buenos Aires 33) c'è Bistrolinda, il locale bistrot all'interno del Teatro Elfo Puccini gestito dalla Cooperativa Olinda che integra persone con disagio mentale. Davvero molto piacevole per fermarsi a pranzo o bere un aperitivo prima dello spettacolo quando c'è una serata in cartellone (lun-ven 12-15 e nelle sere di spettacolo a partire dalle 19:30, www.elfo.org).

# 64_Ombre rosse

*L'enoteca che mesce vino e arte*

L'insegna di questa storica bottiglieria richiama il famoso film western diretto da John Ford nel 1939, ma non aspettatevi di entrare in un saloon. Certo, in perfetto stile Far West c'è anche un pianoforte, che Raffaella Fossati ha portato qui per esercitarsi quando il locale è chiuso.

Il bancone della mescita è di legno col piano di ottone come era uso una volta; unica nota moderna, la lampada sospesa. Basta guardare la foto in bianco e nero appesa alla parete con l'insegna della drogheria per rendersene conto – qui si parla di quasi un secolo fa. Il vero esperto di vini è il marito Josè Carbonell che, per divertirsi, ogni tanto stappa una bottiglia da collezione. La degustazione in calice è una cerimonia per pochi intimi dato l'esiguo spazio del locale, ed è bello proprio per l'atmosfera confidenziale che si crea, abbinata a menù semplici molto curati. "Per carità, no happy hour", ci tiene a precisare la padrona di casa.

Ogni sera si possono provare al bicchiere quattro o cinque vini diversi. A volte anche importanti: un Barolo piemontese, un rosso Gaja, un *cru* francese, perché non sempre uno se la sente di comprare l'intera bottiglia. Delle 400 etichette, qualcuna supera i 1.000 euro. E poi c'è la curiosità di assaggiare un piccolo produttore che magari presto diventerà grande, o una produttrice perché ormai anche le donne del vino iniziano a farsi conoscere.

Se invece si scendono le scale, si entra nel mondo creativo di Raffaella, che per la sua galleria di oggetti ha coniato un nome davvero appropriato: "Fatto ad arte". Qui vengono esposte le creazioni di artigianato artistico legate a una regione, a una tradizione, a una fiaba o al nome di un artista.

Dalle ceramiche di Caltagirone alle brocche friulane divise a metà, vasi in vetro di Murano, sculture in cotto fiorentino, mosaici di Spilimbergo. Tutti materiali antichi declinati in chiave moderna, in fondo un po' come il vino.

**Indirizzo** Via Plinio 29, 20129 – tel. 0229524734, www.enotecaombrerosse.com | **Mezzi pubblici** Lima (M1 Rossa); Abruzzi/Plinio (bus 92), Eustachi/Plinio (bus 60) | **Orari** Mar-sab 10-13/16-1, lun 18-1 | **Un suggerimento** In viale Abruzzi 15 ci si può rilassare a l'Hammam della Rosa, l'unico a Milano. Offre spazi distinti per uomini e donne o dedicati alla coppia. Bagno turco e trattamenti della pelle declinati all'orientale (mar-ven 12-22:30, sab-dom 10:30-20:30, www.hammamdellarosa.com).

# 65_L'Orto botanico di Brera

*L'accademia delle spezie della regina*

Raggiungere l'Orto botanico dall'interno dell'Accademia di Brera è una vera caccia al tesoro, ma perdersi è piacevole, vista la storia e la bellezza del palazzo. Il giardino si trova sul retro, ai piedi dell'osservatorio astronomico che, da questa prospettiva, sembra un castello di fantasmi, più che un museo della scienza delle stelle. Nell'Orto le piante si aggrovigliano, fitte, rivendicando la loro libertà, nonostante il tentativo dei giardinieri di imporre loro un ordine. I profumi più seducenti provengono dalle aiuole delle erbe officinali, che crescono lì da oltre 200 anni per fornire le essenze all'antica "Spezieria" di Brera.

Se non lo dicesse il cartello, nessuno immaginerebbe che in uno spazio così angusto possano crescere 300 specie arboree diverse, quasi tutte nostrane a parte i due Ginkgo biloba maschio e femmina, considerati tra gli esemplari più antichi d'Europa, il curioso Albero Parasole della Cina (*Firmiana platanifolia*) e l'enorme Noce del Caucaso (*Pterocarya fraxinifolia*).

Perché lo scopo del parco era soprattutto didattico, secondo i voleri dell'imperatrice Maria Teresa d'Austria, la quale nel 1774 lo trasformò in un "Hortus Œcomomicus" sull'esempio di quello di Vienna. La predilezione per la natura della sovrana asburgica è cosa nota.

La sua memoria è in questa preziosa oasi capace d'interpretare le fragranze della primavera, le tinte calde dell'autunno e le nebbie melanconiche dell'inverno senza mai perdere fascino. Al centro ci sono ancora le vasche ellittiche del Settecento con le ninfee, disegnate dell'architetto Piermarini, lo stesso che per la regina aveva progettato la reggia e il parco di Monza.

Gli studenti dell'Accademia lo sanno e, quando possono, vengono con il loro libro a leggere sotto il glicine o la magnolia, mentre altri passeggiano romanticamente buttando l'occhio ai cartellini con scritte in latino che indicano il nome scientifico di ciascuna pianta.

**Indirizzo** Via Privata Fratelli Gabba (in fondo alla strada), 20121 – tel. 0250314680, www.brera.unimi.it | **Mezzi pubblici** Montenapoleone (M3 Gialla); Monte Pietà (bus 61); Manzoni/Montenapoleone (tram 1) | **Orari** Lun-ven 9-12 e 14-16; sab 10-16 | **Un suggerimento** Nel cortile dell'Accademia in via Brera 28, conviene salire le scale e affacciarsi alla prima sala per dare uno sguardo all'ingresso della biblioteca con gli scaffali di legno, che precede le sale lettura.

# 66_Ostello Bello

*Incontrarsi al Carrobbio*

Se via Torino è diventata una delle strade più commerciali della città, da Zara a Muji, da Fnac a McDonald's, molte sono le tracce che qui più che altrove ricordano la vecchia Milano. Alcune botteghe resistono con una sola vetrina, dal cartolaio all'orologiaio, anche se fanno quasi tenerezza, mentre la vecchia carrozza gialla del tram, presente dal 1881, cigola sulle rotaie sconnesse aggiungendo decibel al traffico già caotico.

Il quartiere del Carrobbio, considerato malfamato ai tempi del Manzoni, oggi si trova in pieno centro a due passi dal Duomo, ed è talmente affollato che si fa fatica perfino a camminare a piedi. Il nome proviene dalla parola latina *quadrivium*, cioè incrocio, perché qui s'incrociavano le strade che univano la periferia al centro cittadino.

Oggi è meta di shopping, coi marciapiedi che traboccano di ragazzi e qualche borseggiatore pronto ad approfittarne. Per questo il richiamo della stradina che conduce all'Ostello Bello è irresistibile: una viuzza silenziosa e priva di vetrine, quasi un miracolo. Si entra nell'ostello e ci si siede su casse di legno da imballaggio che contengono asciugamani e lenzuola, mentre le pareti sono tappezzate di pagine di giornale incollate e graffiate in un vero e proprio collage. Geniale strategia per mascherare i muri sporchi, come spiega Pietro, uno dei ragazzi che gestisce l'ostello.

Dieci stanze con bagno e aria condizionata, 56 posti letto, tre terrazze e un salottino underground con chitarre, ping-pong e calcio balilla. Il tutto arredato con originale minimalismo. Ambiente fricchettone che all'ora dell'aperitivo si riempie di avventori, soprattutto forestieri stanchi dopo aver camminato per ore in giro per la città.

Si è sparsa la voce che il buffet dell'happy hour sia abbondante e addirittura gratuito per i clienti dell'ostello, tanto che gli ospiti l'hanno battezzato la "cena gratis". Ecco, questa è l'ospitalità del Carrobbio.

**Indirizzo** Via Medici 4, 20123 – tel. 0236582720/3342610356, www.ostellobello.com | **Mezzi pubblici** Duomo (M1 Rossa e M3 Gialla), S. Ambrogio (M2 Verde); Correnti/ Carrobbio (tram 2, 14) | **Un suggerimento** In via Torino, vicino al n.32, c'è il Tempio Civico di San Sebastiano con gli stemmi dei rioni della città, chiamati porte: Romana (rosso), Ticinese (panchetto), Venezia (leone), Vercellina (fascia rossa e bianca), Comasina (scacchi rossi e bianchi), Nuova (4 riquadri b/n), Città di Milano (croce rossa su sfondo bianco).

# 67 Osteria del Treno

*La premiata trattoria dei ferrovieri*

Proprio così, il dopolavoro dei ferrovieri era qui, a due passi dalla Stazione Centrale, e ancora oggi lo spazio appartiene alla Società Nazionale di Mutuo Soccorso. Rarissimo esempio di architettura sociale di fine Ottocento (1877) in stile liberty viennese, a partire dal 1° Maggio del 1898 fu sede del movimento operaio tant'è che da qui il 4 aprile del 1905 partì il primo sciopero nazionale di categoria. Al piano di sopra ci sono ancora fotografie e bandiere rosse che ricordano le accese riunioni politiche.

Oggi il monumentale salone dei ferrovieri, con le colonne di ferro e le ringhiere della balconata finemente lavorate, la domenica si trasforma in una sala di tango. Sul palcoscenico in fondo troneggia un pianoforte a coda e i tavoli fanno bella mostra di eleganti tovaglie bianche e calici di cristallo. Molti gli eventi serali dedicati alla degustazione organizzati del patròn Angelo Bissolotti, da quando nel 1989 ha presentato qui la prima *Guida delle osterie d'Italia* e quattro anni dopo ha fondato il circolo Slow Food milanese. Semplicità e tanta eccellenza per valorizzare il meglio della cucina tradizionale italiana.

All'ora di pranzo non si accettano prenotazioni, Angelo vuole mantenere lo spirito operaio di un tempo. Conviviale, l'atmosfera è quella schietta e familiare da vecchia osteria, il menu del giorno cambia quotidianamente e bisogna andarselo a prendere dalle mani della cuoca.

La sera la musica cambia, la cena è un esercizio di alta cucina, sale ovviamente anche il prezzo: è il momento della tradizionale *cassoeula* lombarda, dei salumi della val d'Orcia, dell'oca affumicata, dei tortelli al formaggio d'alpeggio. Oltre dieci presidi Slow Food, che significa prodotti italiani di qualità molto elevata. Non a caso, l'assaggio di salumi e formaggi (buonissimi) riporta il nome del produttore. Da abbinare con una delle 70 etichette di vini. Non male per un ex circolo operaio.

**Indirizzo** Via San Gregorio 46, 20124 – tel. 026700479, www.osteriadeltreno.it | **Mezzi pubblici** Lima (M1 Rossa); Stazione Centrale (M2 verde); Repubblica (M3 Gialla); Regina Giovanna (tram 5, 33); Lazzaretto (tram 1) | **Orari** Lun-ven 12:30-14:30/20-24, sab-dom 20-24 | **Un suggerimento** In via Felice Casati 12 c'è un fioraio molto particolare, Mint Market. Renato Baldini è un uomo di moda, nel senso che proviene dal mondo della moda, e ha aperto un negozietto di floral-design che è anche un gradevolissimo caffè-bistrot (lun-ven 8-24, sab-dom 8-02).

# 68_Outlet Fashion

*Grandi marche piccoli prezzi*

Scarpe, abbigliamento, accessori, la città della moda non conosce crisi, almeno questa è la sensazione che si ha passeggiando per le strade del "quadrilatero", tra via della Spiga e Montenapoleone. Un museo del lusso che espone borse e vestiti come fossero opere d'arte. Ma non bisogna fermarsi qui, perché Milano è moda un po' ovunque. Conviene esplorare, frugare, essere curiosi, dal negozietto di scarpe in via San Maurilio ai raffinati tessuti di Lisa Corti che unisce la cultura del viaggio etnico all'energia del colore.

Insomma vetrine come bacheche da collezione, negozi come sontuosi salotti per incorniciare gonne, maglie, calzature femminili con tacchi molto audaci, a cui aggiungere i sofisticati accessori classici o hi-tech, dall'occhiale all'orologio. Affascinante giardino del fashion fatto di specchi, di tessuti e di colori, dove si cammina incantati come Alice nel Paese delle Meraviglie.

Quello che però manca, il più delle volte, è il coraggio di varcare la soglia del negozio ed entrare. E allora due sono le soluzioni: aspettare il periodo dei saldi, affrontando lunghe code di *shopaholic*, o recarsi in un outlet. A Milano ce ne sono molti, ovvio per la capitale europea della moda che non può rinunciare allo shopping neppure in tempi di crisi. Ma attenzione perché bisogna individuare quelli giusti.

C'è per esempio il Temporary in San Babila, che in realtà non è affatto temporaneo, la catena D-Magazine con location centralissima, che conta tre negozi, e lo storico Salvagente, aperto trent'anni fa, che offre un made in Italy con sconti fino al 60%.

Non aspettatevi vetrine eleganti e curate, in compenso se avete tempo e pazienza potete rovistare nei mucchi e scovare capi di alta qualità: un maglione uomo di Roberto Cavalli, una cravatta D&G, una pochette Miu Miu, una gonna Prada. Le taglie sono quelle che sono, ma l'occasione può sempre arrivare. Anche nello shopping ci vuole un po' di fortuna.

**Indirizzo** Il Salvagente, via Fratelli Bronzetti 16, 20129; D-Magazine Outlet, via Alessandro Manzoni 44, 20121 | **Mezzi pubblici** Il Salvagente è a Porta Venezia (M1 Rossa); D-Magazine Outlet è a Montenapoleone (M3 Gialla) | **Orari** Il Salvagente lun 15-19, mar-sab 10-19; D-Magazine Outlet lun-dom 10-19:30 | **Un suggerimento** Le creazioni in tessuto indiano di Lisa Corti sono di gran classe (via Lecco 2, 20124, tel. 0220241483, www.lisacorti.com).

# 69 La Palazzina del *Mistero buffo*

*Palcoscenico liberty di un teatro irriverente*

Solo chi ci abita vicino la conosce: parliamo della bella palazzina liberty immersa nel verde dei giardini di largo Marinai d'Italia. L'edificio a vetrate, costruito nel 1908 da Migliorini, faceva parte del Verziere, l'antico mercato ortofrutticolo che qui è rimasto fino al 1965 e di cui è l'unica testimonianza. I banchi di frutta e verdura, le cassette accatastate fin dalle prime ore del mattino, il via vai di gente, le trattative dei compratori, i facchini in perenne movimento per rifornire un'intera città, scomparvero tutti insieme, il mercato venne spostato nell'attuale sede… e fu il silenzio.

Fino a quando, all'inizio degli anni '70, dopo anni di abbandono, la palazzina venne occupata dalla compagnia teatrale di Dario Fo, al tempo commediografo emergente e irriverente, oggi premio Nobel per la letteratura. Qui il comico preparò il suo spettacolo più famoso, *Mistero buffo*, che prendeva di mira i poteri forti allora rappresentati dalla Democrazia Cristiana, il partito che ha guidato l'Italia per trent'anni legato a doppio filo con il Vaticano.

Il giullare di sinistra non solo bersagliò coi suoi pungenti sberleffi i dirigenti politici, ma trasformò il parco e la fatiscente palazzina in un centro sociale a cielo aperto, pieno di iniziative di cui si fece promotore insieme alla moglie Franca Rame. Quando Fo saliva sul palcoscenico, come nella migliore tradizione del buffone di corte, usava abilmente la maschera e il riso per denunciare inciuci e corruzione. Durante le prove dello spettacolo, il parco si affollava di giovani con la borsa a tracolla, mentre il geniale cantastorie danzava come un saltimbanco infilando una dopo l'altra feroci battute satiriche contro i potenti, che anni dopo i giudici milanesi di "mani pulite" riveleranno essere vicine alla realtà.

Oggi nella palazzina restaurata c'è un vero palcoscenico, degna memoria dell'arte del Maestro.

**Indirizzo** Parco Vittorio Formentano, largo Marinai d'Italia, 20129 – tel. 023494943 | **Mezzi pubblici** Cadore/Anfossi (bus 45, 62, 66); Arconati (tram 12, 92); Cadore (tram 27, 73) | **Orari** Il parco è sempre aperto. La palazzina ospita l'Orchestra da Camera Milano Classica ed è aperta solo per concerti e altri eventi culturali | **Un suggerimento** All'angolo tra via Anfossi e via Cadore c'è la Casa del Habano. In Italia ci sono solo due tabaccherie che vendono i pregiati sigari cubani, in cui fanno bella mostra nella saletta appositamente dedicata, piena di giare coi sigari.

# 70_Il Palazzo dell'imperatore

*Quando Milano era capitale dell'Impero romano*

In Italia il sinonimo di "capitale" è Roma. Ma pochi sanno che anche Milano è stata capitale dell'Impero romano d'Occidente, tra il 286 e il 402 d.C., ed è arrivato il momento di prenderne atto. Anche se le vestigia rimaste non si possono eguagliare a quelle della "città eterna", l'odierna *Mediolanum* ha un interessante percorso archeologico, basta individuare e seguire i bolli rossi sui marciapiedi. Via Brisa è un buon punto di partenza, perché qui si trovano i resti del palazzo imperiale che sorgeva vicino alle mura tardo repubblicane, la cui circonferenza venne ampliata da Massimiano quando decise di trasferire a nord la sede imperiale.

Tra le erbacce e qualche gatto che ha superato la recinzione, bisogna fare un po' di sforzo per risalire dal basamento rimasto alla regale dimora, la quale, dotata di un sistema di riscaldamento, era stata inizialmente scambiata per le antiche terme.

L'intera zona in realtà venne ripensata a partire dalla fine del III secolo proprio per assecondare le esigenze della corte romana che si era insediata da poco. Fu perfino costruito un ippodromo adiacente al palazzo, perché le corse delle bighe trainate dai cavalli erano uno spettacolo molto apprezzato dai milanesi. L'imperatore in persona vi presenziava arrivandoci direttamente dal palazzo, approfittando dell'occasione per farsi vedere, un vero e proprio atto di propaganda politica.

Il circo era incorniciato da due alte torri, di cui una è visibile nel cortile del vicino Museo archeologico all'interno dell'ex convento del Monastero Maggiore di San Maurizio. La torre è sopravvissuta solo perché nel Medioevo l'architetto che costruì la chiesa la riutilizzò come campanile.

È proprio questo il problema, la *Mediolanum* romana venne letteralmente smontata, pietra dopo pietra, marmo dopo marmo, colonna dopo colonna per erigere i nuovi edifici della cristianità. E questo è quello che rimane.

**Indirizzo** Palazzo Imperiale, via Brisa, 20123 | **Mezzi pubblici** Cairoli (M1 Rossa), Cadorna (M2 Verde); Meravigli (tram 16, 27); Largo D'Ancona (bus 50, 58, 94) | **Un suggerimento** In corso Magenta 15 ha sede il Museo archeologico dove è illustrata la Mediolanum romana. Si possono osservare i resti del circo, delle mura massimiane e e visitare la torre poligonale del III secolo con all'interno affreschi del XIII secolo (orario: mar-dom 9-17:30).

# 71_Palazzo Morando

*L'abito fa la città*

Dopo essersi lustrati gli occhi davanti alle vetrine dello shopping più elegante e alla moda del Made in Italy, tra le passerelle di via della Spiga e quelle di via Montenapoleone, accedere al cortile di Palazzo Morando significa fare un tuffo nella storia del capoluogo lombardo. Il sontuoso palazzo cinquecentesco, che nel corso dei secoli ha ospitato illustri famiglie milanesi, è stato donato al Comune nel 1945 e nel 1958 ha aperto i battenti al pubblico come Museo della città.

Qui Milano, la sua storia e le sue trasformazioni sono raccontate attraverso i dipinti della collezione Beretta, un percorso pittorico che descrive personaggi anonimi, folle che si radunano a teatro, piccoli e grandi eventi, cittadini comuni di ogni classe sociale, fino al lattaio, al maniscalco, alla balia, al cocchiere o al cioccolataio.

Com'era lo "struscio" in corso Vittorio Emanuele nel 1934? E il Naviglio nella vicina via Senato quando *el barchett* passava lungo la via d'acqua mercantile?

A Palazzo Morando, oltre ai quadri, si possono ammirare anche le settecentesche sale di rappresentanza dell'appartamento Morando Attendolo Bolognini. Riportate al loro antico splendore, esse rispecchiano il gusto dell'arredo dell'epoca, e attraversandole si può quasi immaginare di essere ospiti di un ricevimento in pieno stile XVIII secolo. Qui la storia viene dunque raccontata attraverso i quadri, gli arredi e gli oggetti decorativi, ma non solo.

Nel 2010 il palazzo è stato destinato a ospitare il Museo di Moda e Costume della città di Milano, una collezione di circa 6.000 pezzi, inseriti a rotazione nel percorso museale e che appartengono a epoche diverse, dal Settecento in poi, fino alla contemporaneità. Come gli sgargianti manichini con gli abiti plissettati dello stilista giapponese Issey Miyake, donati dalla gallerista e storica dell'arte milanese Claudia Gian Ferrari.

Vedendoli, chissà che shock avrebbe avuto la contessa Lydia Caprara Morando Bolognini!

**Indirizzo** Via Sant'Andrea 6, 20121 | **Mezzi pubblici** San Babila (M1 Rossa), Montenapoleone (M3 Gialla); Senato (bus 61, 94); Manzoni (tram 1) | **Un suggerimento** In Piazza Cavour sugli archi di Porta Nuova è incastonata una stele funeraria di marmo (I sec. d.C.) che raffigura la più antica scena di vendita di tessuti. Probabilmente il C. Vettius citato nella scritta era un commerciante di stoffe.

# 72 Il parco delle Basiliche

*La triste movida delle streghe*

Sarebbe bello se streghe e stregoni potessero tornare ad animare il Parco delle Basiliche con i loro sabba folli, gioiosi e liberi. Non fosse altro per cancellare l'ignominia della *damnatio memoriae*, che stabiliva che nulla rimanesse (né memoria né tracce tangibili) dei defunti che la subivano a causa delle presunte "efferatezze" compiute in vita.

Una testimonianza di ciò è proprio nella chiesa di Sant'Eustorgio, dove si trova una lapide sulla quale è stato cancellato l'epitaffio di un misterioso personaggio, affinché nessuno ricordasse il suo nome. La chiesa, che nel Medioevo ospitava il tribunale dell'Inquisizione, si trova all'estremità sud del Parco delle Basiliche, che di parco ha solo il nome ma non l'ampiezza.

Di giorno è animato da bambini e baby sitter, pensionati a spasso col cane, ma per chi conosce la triste storia delle streghe è difficile non farsi suggestionare dal passato.

Non basta il praticello ben curato per cancellare l'eco di quegli eventi, quando – correva l'anno 1617 – tra le colonne del sagrato davanti alla basilica di San Lorenzo bruciava sul rogo Caterina de' Medici, accusata di stregoneria. Qui oggi i ragazzi si danno appuntamento per farsi una birra e nulla turba l'allegra movida di Porta Ticinese.

Si dice che a piazza Vetra di notte circoli ancora il diavolo, tra spinelli, siringhe, bottiglie rotte e graffiti, nonostante le periodiche retate della polizia. Dopo il tramonto la piazza diventa rifugio di un'umanità diversa, anarchica, ostile alle regole sociali, così come nel Medioevo venivano considerati le donne emancipate, i predicatori, gli eretici e gli spiriti liberali.

Un'altra storia cupa è quella del barbiere Gian Giacomo Mora accusato ingiustamente di diffondere la Peste dalle pie vicine di casa che lo spiavano dalle finestre di corso di Porta Ticinese. Morì sul patibolo della piazza nell'estate del 1630. Per fortuna oggi i tempi sono cambiati.

**Indirizzo** Piazza Sant'Eustorgio – via Molino delle Armi – Piazza Vetra, 20123 | **Mezzi pubblici** Molino delle Armi/Vetra (bus 94); Ticinese/S.Eustorgio (bus 163) | **Un suggerimento** Di fronte alle colonne di S.Lorenzo, una lapide ricorda la casa di Gian Giacomo Mora, bruciata dal tribunale dell'Inquisizione che al suo posto fece erigere una colonna, la cosiddetta "colonna infame" (rimossa nel 1778), con incisa la *damnatio aeternae* ricordata da Alessandro Manzoni, che oggi si trova nel cortile ducale del Castello Sforzesco.

# 73_Peck

*Il salumiere impeckabile*

L'orgoglio della gastronomia lombarda fa bella mostra con le sue vetrine in via Spadari. Ben prima di Slow Food e di tutte le associazioni che hanno contribuito a valorizzare gli ingredienti della cucina made in Italy, c'era Peck.

Pochi però ricordano che la salumeria più chic della città venne aperta nel 1883 in via Orefici da un commerciante di Praga, tale Francesco Peck e con un intento assolutamente opposto a quello di oggi: importare le specialità culinarie dall'estero e in particolare i prodotti austroungarici, tra cui carni, salumi, prosciutti affumicati e il profumatissimo speck.

Inizialmente i milanesi si mostrarono sospettosi, ma ben presto nessuno poté resistere alla seduzione del nuovo salumiere, dai Savoia al poeta Gabriele D'Annunzio che in una lettera decantava "la rossa aragosta e l'aulentissimo tartufo", oltre alla bontà dei frutti "rapiti al giardino delle Esperidi".

All'inzio del Novecento, il negozio si trasferì nell'attuale palazzina di via Spadari, la cui facciata liberty vale da sola una visita. Balconi in ferro battuto incorniciano le finestre del bar ristorante al piano superiore, dove si possono gustare circa 200 bevande tra infusi, tè, tisane e prodotti di torrefazione.

Per scoprire la meraviglia della cantina, con oltre 3.000 etichette di vini conservati in clima controllato, bisogna scendere al piano inferiore. Un tempo gli studenti delle scuole del quartiere venivano qui a farsi fare il panino. Oggi Peck è praticabile solo da chi è disposto a non farsi scoraggiare dai prezzi: il banco rosticceria non è l'unica cosa che lo fa assomigliare a una gioielleria. L'importante è non lasciarsi intimorire.

Il gelato è una chicca da buon gustai: pochi gusti, come si addice a una vera cremeria, ma molto curati, come lo zabaione, la noce, la castagna. Super qualità. Per spendere meno, c'è il Peck Bar nella vicina via Cantù: è il Peck dei giovani.

**Indirizzo** Negozio: via Spadari 9. Bar: via Cantù 3, 20123 – tel. 028023161, www.peck.it | **Mezzi pubblici** Duomo e Cordusio (M1 Rossa), Duomo (M3 Gialla) | **Orari** Negozio: lun 15:30-19:30, mar-sab 9:30-19:30. Bar: lun-sab 7:30-22 | **Un suggerimento** In via Victor Hugo, al numero 4, si trova il Ristorante di Carlo Cracco, uno dei più blasonati chef italiani, 2 stelle Michelin, ambiente estremamente raffinato (tel. 02876774, www.ristorantecracco.it).

# 74_Piazza Gae Aulenti

*Fiato alle trombe dell'archistar*

In un paese tanto ricco di monumenti e di storia è difficile trovare una città che abbia una grande area da poter buttare giù e ricostruire. Milano però ci è riuscita. I nuovi grattacieli tra Porta Nuova e la stazione di Porta Garibaldi hanno cambiato in pochi anni lo skyline metropolitano proprio nel cuore della città. In altri paesi, cambiamenti così drastici sono all'ordine del giorno, ma non in Italia, dove la tendenza a conservare è molto forte. Per quanto i nostalgici rimpiangano il vecchio, grigio quartiere delle Varesine, piazza Gae Aulenti impone la sua visione del futuro con le audaci geometrie di cristallo, ferro e modernità.

Uno spazio di 2.300 metri quadrati che ha richiesto l'impegno di venti studi di architettura di otto nazionalità diverse. Autore del progetto, l'argentino César Pelli. Sforzo titanico, che ha trasformato questa piazza nel centro storico del nuovo millennio. I milanesi lo hanno capito e la domenica vengono a passeggiare sul ponte di via Melchiorre Gioia che collega la vecchia Brera alla nuova *Défense* milanese.

Chi si aspetta un luogo algido e spaesante rimarrà deluso. La piazza è autenticamente vitale, ludica, fantasiosa, articolata con estro e curiosità. Come le "trombe" situate sul lato meridionale, verso corso Como, dove un vetro circolare protegge l'apertura della tromba delle scale mobili che porta ai piani inferiori. Qui 23 tubi di ottone conducono la voce dal livello della piazza ai piani sotterranei del centro commerciale, come una sorta di orecchio di Dioniso al quale è impossibile resistere.

Grandi e piccini provano a soffiare le loro parole dentro alle grandi tube. Un altro divertente punto di aggregazione sono i tavoli da gioco del calciobalilla, frequentatissimi.

Chi l' avrebbe mai detto: sembra che qui la generazione videogame abbia riscoperto il fascino del vintage da "Bar dello sport". Niente male come contrasto.

**Indirizzo** Piazza Gae Aulenti, 20124 | **Mezzi pubblici** Gioia e Garibaldi (M2 Verde); Garibaldi (tram 33; bus 37) | **Un suggerimento** Per una piacevole sosta, sul lato settentrionale della piazza c'è la libreria Feltrinelli RED, acronimo di Read-Eat-Dream, con i tavolini all'aperto. Da qui s'imbocca il viale pedonale per raggiungere il Bosco Verticale di 26 piani e il Palazzo della Regione, oggi il più alto grattacielo della città.

# 75_Il Piccolo Teatro

*La rivoluzione di Giorgio Strehler*

14 maggio 1947: Paolo Grassi, Giorgio Strehler e Nina Vinchi inaugurano a Milano il primo teatro comunale d'Italia, una vera e propria rivoluzione in campo culturale.

Nel manifesto programmatico si legge: "Noi non crediamo che il teatro sia una decorosa sopravvivenza di abitudini mondane o un astratto omaggio alla cultura". E così il teatro si apre finalmente alla città, è il luogo di tutti dove la comunità si riunisce per rivivere il dramma di *Re Lear* nella cornice rinascimentale del Palazzo del Broletto.

Oggi ci si passa davanti percorrendo la centralissima via Dante e viene subito voglia di entrarci, di prendere un caffè e di sbirciare cosa propone il cartellone, che offre un programma sempre molto attento alle nuove sperimentazioni. Per il suo debutto il Piccolo aveva scelto *L'albergo dei poveri* di Gor'kij, e da allora ha sempre proseguito su quella linea, colta e imprevedibile, saltellando da Goldoni a García Lorca, dalla tragedia di Shakespeare al realismo di Čechov, dal teatro epico di Brecht alla dimensione dell'assurdo di Genet. Un "teatro d'arte aperto a tutti", come dichiarava un felice slogan, che non ha mai perso la sua vocazione democratica, civica e sociale.

Una cosa però bisogna dirla: il Piccolo Teatro è Strehler e Strehler è il Piccolo Teatro, a parte una breve parentesi alla fine degli anni Sessanta quando il maestro lasciò la direzione per fondare la Cooperativa Teatro Azione. Fino al 1998, su 300 spettacoli messi in scena il regista ne ha diretti 200, poi il testimone è passato a Sergio Escobar e a Luca Ronconi.

Il maestro continua a essere presente in cartellone, anche se oggi i "Piccoli" teatri sono diventati tre: Grassi (quello storico con 488 posti), Strehler (il più moderno, quasi 1.000 posti) e Studio (368 posti) dove ha sede la scuola d'arte drammatica. E per discutere di teatro, si può sempre fare un salto nel caffè del chiostro di Palazzo Broletto.

**Indirizzo** Via Rovello 2, 20121 – tel. 848800304, www.piccoloteatro.org | **Mezzi pubblici** Cairoli e Cordusio (M1 Rossa); Cairoli (tram 1); Dante (tram 16, 27) | **Orari** Biglietteria lun-sab 9:45-18:45, dom 13-18:30 | **Un suggerimento** In corso Garibaldi 17 si vede la vecchia facciata del Teatro Fossati, ora diventato Piccolo Teatro Studio (con accesso da via Rivoli), che fu il primo a sperimentare la luce elettrica.

# 76 Il planetario Ulrico Hoepli

*La città delle stelle più grande d'Italia*

Visto dall'esterno assomiglia a un tempio neoclassico con il pronao sorretto dalle quattro colonne doriche. Dentro, il vecchio amato planetario si trasforma in una città delle stelle.

Un pezzo di archeologia scientifica, oggi un po' triste e decadente ma un tempo all'avanguardia, che il mecenate svizzero Ulrico Hoepli regalò il 10 luglio 1929 alla città con queste parole: "Alla generosa Milano, mia patria d'adozione, dono, con animo riconoscente, il Planetario". Il progetto fu affidato all'architetto Piero Portaluppi, vera e propria archistar dell'epoca, e richiese quasi un anno di tempo per la sua realizzazione.

Fu inaugurato da Mussolini il 20 maggio del 1930, con grande entusiasmo soprattutto nell'ambiente degli astrofisici milanesi, allora molto attivo nella ricerca. Lo stesso Hoepli aveva fondato una casa editrice e pubblicava gli studi condotti dall'osservatorio di Brera. Ancora oggi la gloriosa libreria Hoepli, nella sua roccaforte dietro al Duomo, resiste, benché a fatica, agli assedi di Amazon.

L'istituzione di Brera vantava una lunga tradizione a cui si aggiunse la succursale in Brianza, da dove si poteva studiare il cielo lontano dall'inquinamento luminoso della città. L'idea di costruire un planetario nei giardini di Porta Venezia cadeva a fagiolo, suscitando molta curiosità, tanto che nel 1937 venne acquistato dalla tedesca Zeiss un proiettore da 35 mm per la diffusione dei primi filmati scientifici.

La grande cupola si trasformava – e si trasforma tuttora – in una gigantesca volta celeste sulla quale il sofisticato apparecchio simulava il movimento degli astri e dei pianeti. Per i tempi, una cosa stupefacente. Oggi fanno tenerezza quelle seggiole rotonde di legno che hanno accolto tanti spettatori estasiati di fronte ai primi documentari sui segreti dell'universo, 23.508 osservatori nel solo primo anno di attività, 20 metri di diametro per la volta stellare più grande d'Italia. L'infinito a portata di sguardo.

**Indirizzo** Corso Venezia 57 (a fianco del Museo di Storia Naturale), 20121, tel. 0288463340 | **Mezzi pubblici** Palestro (M1 Rossa); Oberdan (tram 9) | **Orari** Lun-ven 9-13 e in orario conferenze | **Un suggerimento** L'osservatorio astronomico di Brera fondato nel 1762 oggi è un museo. Sono visitabili entrambe le cupole e la collezione di strumenti storici tra cui due globi, uno celeste e uno terrestre, della fine del '600 (via Brera 28, lun-ven 8:30-16:30, mer visita guidata ore 13, www.brera.mi.astro.it).

# 77_Poesie di strada

*Le parole sui muri di Porta Ticinese*

Quando al Carrobbio si voltano le spalle alla città, ai bei palazzi, alle strade pulite e alle vetrine internazionali dello shopping, allora si può essere certi che si sta imboccando corso di Porta Ticinese. "Una delle parti più desolate di Milano", scriveva Alessandro Manzoni ne *I promessi sposi*.

L'inizio, se si alzano gli occhi, è segnato da un cartello blu con la scritta: "Il bla bla uccide", ma è piccolo e si rischia di non vederlo. Percorrendo il marciapiede di sinistra in direzione della porta con l'antica torre, i messaggi s'infittiscono.

La gente cammina distratta, ma nello spazio tra un negozio e l'ingresso di un portone, quei volantini di carta incollati al muro e mezzi strappati non sono normale pubblicità, sono i frammenti arrabbiati, poetici, ironici, a volte persino romantici di un poema metropolitano: "...la mia voce supera ogni palazzo, s'innalza in grida prorompenti mentre invano, controllo le mie mani fumando e tremando", "...parole soffocate ancora prima di essere pensate", firmate dal Movimento per l'emancipazione della poesia. Roba seria.

Più scanzonato il collage di testi e fumetti dentro una cornice dorata che rappresenta un giovane intento a fare zapping davanti alla tv: "Il governo ha programmi favolosi, il dramma è il canone". L'altro messaggio è rivolto alla politica economica di Mario Monti: "Mari e Monti. L'Italia è ripartita... e – dice il personaggio Italia – 'sta volta non torno".

Più avanti, vicino alle Colonne di San Lorenzo, i foglietti diventano graffiti monumentali o lavagne d'ironia, per esempio dove il ristorante giapponese vorrebbe scrivere il suo menu di sushi, ma non c'è più spazio tra le frasi in gessetto del tipo: "Noto stilista firma anche le borse sotto gli occhi". Ci si dà appuntamento in Colonne, come dicono i milanesi, per la movida serale e perché, come scrive una ragazza su un muro, "il giorno nuovo non si guarda con gli occhi di ieri".

**Indirizzo** Corso di Porta Ticinese, 20123 | **Mezzi pubblici** Ticinese (bus 94, 163); Correnti (tram 2-14) | **Un suggerimento** In via Magolfa 32, c'è il Museo Casa delle Arti, dedicato alla poetessa Alda Merini che abitava sui Navigli. Qui è riportata una parte del famoso muro degli angeli dove l'artista scriveva frammenti di una poetica intensa che ha attraversato l'esperienza del manicomio (gio-dom 18-22:30, possibilità di visite in altri orari telefonando dalle 9 alle 13 al tel. 3317570256, www.casadelleartiste.it).

# 78_Porta Garibaldi

*La stazione dei graffiti*

Degradata, con i muri graffiati e imbrattati di scritte, la stazione Porta Garibaldi non era certo un luogo ameno per i passeggeri. Stufa di quella situazione, l'associazione Nuova Acropoli un giorno ha deciso di cambiare le cose rendendo più bello il mondo che frequentava quotidianamente. Fortuna volle che la sede fosse proprio lì vicino: "Ci passavamo tutte le sere", racconta oggi Laura. Così sono scesi a patti con i graffitari, i ribelli della bomboletta spray che sporcavano i muri e ai quali le istituzioni cittadine fanno da sempre la guerra, di solito con scarsa efficacia. L'interessante esperimento ha avuto inizio nel 2011 nei sotterranei della stazione. Venne indetto un bando di concorso a tema per selezionare gli *street writer* che dovevano decorare la galleria.

La partecipazione è stata sorprendente, si sono iscritti ragazzi del liceo artistico, del Politecnico e dell'Accademia di Brera. Primo appuntamento, il sottopasso che collegava i binari 14-20 a via Guglielmo Pepe dove, tra lo stupore dei passeggeri appena scesi dal treno, il corridoio ha cominciato a colorarsi di forme e di scene. Il tema era il viaggio che Blob ha interpretato con l'opera *Around the world*: una coppia in bicicletta che trascina un improbabile carretto di libri e personaggi curiosi.

Ento, tag del duo artistico formato da Federico, fumettista, e Cecilia, illustratrice e designer, ha unito tecniche diverse, usando stencil, bombolette e acrilici per esprimere la molteplicità del mondo: un vagone carico di gioiosi musicisti davanti a una vecchietta col cappello rosso in testa.

BeLove ha preferito usare lo spray come un pennello fluido tratteggiando la sua partenza con un addio in bianco e nero stile anni Venti. In breve, circa 300 metri di muro sono stati trasformati in un'allegra brigata di personaggi colorati. Tutti giovani e con molta voglia di raccontare. Basta dargli lo spazio e anche il mondo diventa migliore.

**Indirizzo** Stazione Porta Garibaldi, binario 20, uscita via Guglielmo Pepe, 20124 – www.escoadisola.it | **Mezzi pubblici** Garibaldi (M2 Verde); Garibaldi (tram 33, bus 37) | **Un suggerimento** Il progetto prosegue nella stazione ferroviaria Greco Pirelli con il tema "Così mi piace", in seguito coinvolgerà la stazione M2 Romolo e quella ferroviaria San Cristoforo.

# 79_QC Terme di Milano

*Relax stile liberty tra le mura spagnole*

A Porta Romana, nel traffico caotico di macchine, semafori e tram che cigolano sulle rotaie dissestate, nulla farebbe immaginare l'esistenza di un luogo di grande relax dietro le mura spagnole, un vero e proprio giardino del benessere.

Costruita a fine '800 come deposito per i tram, poi teatro e sala da ballo, la palazzina liberty delle terme si nota a stento, con la sua architettura modesta, appena ingentilita dai fregi in ferro battuto. Dentro però la musica cambia.

Dall'androne si snoda un corridoio con un via vai di coppie in svolazzante accappatoio bianco e infradito ai piedi, quindi si passa all'elegante sala da tè dove viene servito un buffet all'insegna di frutta, yoghurt e tisane rilassanti con qualche aggiunta gustosa all'ora dell'aperitivo. Ma prima di concedersi innocenti peccati di gola, comunque light, conviene scendere i gradini e immergersi nei fasti dell'antica Roma.

Si comincia dal *tiepidarium* per passare al *calidarium*, le vasche geyser, e finire nella piscina che misura il relax in base ai colori cangianti. Da un ambiente all'altro, molte le possibilità per trascorrere ore piacevoli: dai fanghi ai massaggi, dall'hammam alla sauna, dalle cascate d'acqua all'idromassaggio. Tutto accompagnato da charme e musica classica di sottofondo.

Nelle belle giornate il dehors all'aperto, circondato dalle possenti mura cinquecentesche, è un'affollata prigione dorata con tre differenti piscine, molte sdraio e asciugamani per prendere il sole che purtroppo a Milano, dato lo smog, non è un granché. A ripulire l'aria ci pensano però le aiuole fiorite e i ciuffi di piante aromatiche, allori, rosmarini e rose.

Ma cosa ci fa un vecchio tram arancione parcheggiato in mezzo al prato? È in realtà una bio-sauna che raggiunge i 70°. Voglio proprio vedere se dopo la sauna ce la farete poi a tuffarvi nella piscina all'aperto di 15°. Certo, farà anche bene alla circolazione, però…

**Indirizzo** Piazzale Medaglie d'Oro 2 (ang. via Filippetti), 20135 – tel. 0255199367, www.termemilano.com | **Mezzi pubblici** Porta Romana (M3 Gialla, tram 9 e bus 62, 77) | **Orari** Lun-gio 9:30-23, ven 9:30-0:30, sab-dom 8:30-0:30 con prima colazione a buffet | **Un suggerimento** Porta Romana era uno dei sei varchi principali lungo il perimetro dei bastioni che, visti dall'alto, formano un cuore la cui punta è qui. Secondo la leggenda, la porta venne eretta da Filippo III di Spagna in omaggio all'arrivo della futura sposa Margherita d'Austria (1596).

# 80 Il Quadrilatero della moda

*Selfie da Tiffany*

Percorrere via della Spiga vuol dire passare tra modelle lunghe e sottili appena uscite da uno shooting, mogli leopardate dei nuovi oligarchi dell'Est e ricche dame col velo accompagnate da un maschio di famiglia. Prada, Moschino, Vogue, Valentino, Armani, le vetrine ci sono tutte, luminose, stratosferiche nel loro lusso esagerato.

Le nuove clienti ci entrano e soprattutto ne escono felici, beate loro, con sporte griffate sotto braccio: scarpe a stiletto, borse in pelle di coccodrillo, di struzzo, di pitone, abiti fiammanti, di tulle, di mussola, a tubino.

Una coppia di ragazze si scatta un selfie davanti al negozio di Tiffany. E pensare che il Quadrilatero della moda, tra Montenapoleone e via Senato dove fino agli anni '30 scorreva il Naviglio, era una contrada di piccoli commercianti, di artigiani, di locande e di case borghesi. C'erano i lavatoi comuni, le scuderie per i cavalli e i cortili per le carrozze.

Durante il Risorgimento, era un covo di rivoluzionari: al numero 17 di via della Spiga abitava Francesco Restelli, poi senatore del Regno d'Italia, a Palazzo Garzanti (via della Spiga 30) Cesare Correnti dettava nel 1848 il manifesto che dava il via alle cinque giornate di Milano contro l'austriaco invasore. Al Caffè Merlo si poteva ascoltare uno "scapigliato" che discuteva delle nuove forme di alienazione provocate dalla rivoluzione industriale.

Alcune botteghe hanno resistito fino agli anni '50: il fruttivendolo soprannominato Garibaldi, la fiaschetteria con le uova sode sul bancone, la merceria di bottoni, prima di essere sopraffatte dai futuri talenti della moda. Anche se già nel 1863 il gioielliere Annibale Cusi di via Montenapoleone 21, poi trasferitosi in via Clerici, forniva collier di diamanti a Sua Maestà la Regina d'Italia.

E pensare che molti dei palazzi seicenteschi ospitavano conventi, come ricordano i nomi delle strade: via Gesù, via Sant'Andrea, via Santo Spirito.

**Indirizzo** Via della Spiga – via Montenapoleone, 20121 | **Mezzi pubblici** San Babila (M1 Rossa), Montenapoleone (M3 Gialla); Senato (bus 61, 94); Manzoni (tram 1) | **Un suggerimento** La gioielleria Cusi fondata nel 1886 vinse il Gran Premio all'Expo del 1906 per un collier "Maria Stuarda" con 15.000 diamanti. Trasferitasi in via Clerici 1 dove oggi c'è il Caffè Victoria, alzando gli occhi (lato via Perrone) si vede ancora la targa. Ora è in Corso Monforte 23 (San Babila) gestita sempre dalla famiglia Cusi.

# 81 Il quartiere Maggiolina

*Le case fungo, un singolare esperimento abitativo*

Nel tratto dei viali extraurbani che vanno verso nord, realizzati all'inizio del Novecento per collegare Milano a Monza, si trova un'area residenziale che sorprende per la bellezza e la stravaganza delle sue case: la Maggiolina e l'attiguo Villaggio dei Giornalisti, così chiamato perché a costruirlo fu una cooperativa di editori, scrittori e giornalisti.

Tutto nacque in seguito a un polemico editoriale pubblicato nel 1911 dal direttore de *Il Secolo*, nel quale si denunciava come l'attenzione del governo fosse concentrata solo sulle masse operaie e sull'urbanistica popolare, mentre scarseggiavano i quartieri della media borghesia.

Oggi la Maggiolina è una pittoresca città giardino con le stradine silenziose su cui si affacciano belle villette liberty, i muri decorati da arabeschi, i giardini e gli alberi ormai cresciuti che incorniciano torrette e balconi. Qui si respira un'atmosfera d'altri tempi, lontana, psicologicamente e acusticamente, dal traffico e dai chiassosi centri commerciali del vicino viale Zara.

Villa Mirabello è un magnifico esempio di cascina suburbana del Quattrocento, ora sede di uffici privati, fortunatamente visibile dall'esterno girando intorno alla recinzione. L'esperimento urbanistico più originale è però in via Lepanto, a ridosso dei binari della ferrovia, dove l'ingegnere Mario Cavallè costruì nell'immediato dopoguerra delle casette a forma di fungo e di igloo.

Il progetto era meno bizzarro di quanto oggi possa sembrare. L'idea era infatti quella di costruire unità abitative provvisorie, per dare una risposta veloce ai bisogni delle famiglie sfollate la cui casa era stata bombardata. Ma le casette a cupola con intorno il giardinetto erano talmente graziose che rimasero. Sono tutt'ora abitate benché negli anni Sessanta se ne sia paventata la demolizione. Fu l'architetto Luigi Figini, che abitava nello stesso quartiere, a mobilitarsi per evitare che venissero abbattute.

**Indirizzo** Via Lepanto e via Villa Mirabello, 20125 | **Mezzi pubblici** Marche e Istria (M5 Lilla); Farina (bus 42); Zara/Laurana (tram 5, 7) | **Un suggerimento** A pochi metri dalle case fungo, in via Perrone di San Martino 8, l'architetto Luigi Figini progettò negli anni '30 la sua villa in stile razionalista, detta "Palafitta" perché eretta su pilastri.

# 82 Ricordi di guerra

*Il rifugio antiaereo di Porta Lodovica*

C'era la guerra e c'erano le sirene. Gli aerei degli Alleati bombardavano Milano. Gli anziani ancora ricordano quel suono sinistro dell'allarme che creava il panico, un fuggi fuggi generale e improvvisamente la città si volatilizzava dalla superficie.

Al silenzio delle parole si sostituiva poco dopo l'esplosione delle bombe, i vetri rotti, l'assordante rumore dei crolli e poi, una volta finito, l'odore degli incendi e della polvere. Ma la vita era salva, solo questo contava.

In città restano ancora tante tracce di quei tragici eventi, per esempio sui muri di un palazzo di Porta Lodovica. Qui, all'altezza del numero civico 2, appare ben leggibile la sigla "U.S." accanto a una freccia bianca rivolta verso il basso. Non si tratta di United States, come oggi si potrebbe pensare, ma della segnalazione di un'uscita di soccorso.

La freccia infatti indicava la direzione verso la quale fuggire a chi in quel momento si trovava per strada, e lo stesso discorso vale per la grande "R" su sfondo bianco, dipinta vicino all'attuale farmacia. Insomma, dopo il discorso di Mussolini del 10 giugno 1940, che annunciava l'entrata in guerra, quei simboli hanno allontanato tanti milanesi dal confine tra la vita e la morte.

Il Comune di Milano aveva approntato un centinaio di rifugi antiaerei sfruttando cantine, magazzini e cunicoli sotterranei, a cui si aggiungevano i ricoveri fai-da-te delle famiglie e dei condomini che si erano organizzati per conto loro. Non sempre questi rifugi erano dotati di schermature antibombe o antigas, ma il punto cruciale era individuarne l'ingresso o la via di fuga nel brevissimo arco di tempo di pochi secondi.

A questo servivano le frecce in bianco e nero a cui oggi la gente non fa più caso, perché per fortuna non ce n'è più bisogno. Per riconoscerle basta un po' di spirito d'osservazione. Sempre che il palazzo non sia stato ridipinto negli ultimi 75 anni.

**Indirizzo** Piazzale Porta Lodovica 2, 20136 | **Mezzi pubblici** Corso Italia/S. Sofia (tram 15 e bus 94) | **Un suggerimento** I rifugi antiaerei erano dislocati in diversi punti della città: in Piazza Cinque Giornate sotto il monumento dedicato ai moti rivoluzionari del 1848, sotto la fontana di piazza Giuseppe Grandi e nella caserma di via Riccardo Pitteri dove tutt'ora si vedono sporgere le torri coniche di cemento, la cui sagoma appuntita serviva a deviare la traiettoria delle bombe.

# 83 Il rituale scaramantico

*Le "palle" del toro che portano fortuna*

Anche se parlarne può sembrare poco elegante, chi ama Milano e vuole tornarci deve sottostare alla cerimonia del toro nella Galleria Vittorio Emanuele II e schiacciare i testicoli dell'animale con una serie di rotazioni, tenendo il tallone del piede destro sull'organo della bestia. Ma quello che è più imbarazzante è il contesto dove il rituale si svolge, dato che l'animale è raffigurato in un mosaico sul pavimento sotto la volta dell'ottagono centrale, considerato il salotto di lusso dei milanesi. Qui infatti, tra le arcate monumentali che uniscono il Duomo a piazza della Scala, si affacciano caffè storici e vetrine incorniciate da colonne, stucchi e fregi.

Non si conosce l'origine, probabilmente pagana, di questa credenza, ma è divertente immaginare che alla fine dell'Ottocento le eleganti signore a passeggio in galleria andassero a cercare i genitali del toro. Una volta questo accadeva solo il 31 dicembre come auspicio di buona fortuna per l'anno in arrivo. Oggi il rito viene eseguito 365 giorni l'anno da centinaia di turisti – povero toro! – compromettendo seriamente la virilità dell'animale e costringendo il Comune a un costante restauro del mosaico.

Il toro è raffigurato su sfondo azzurro all'interno dello stemma che simboleggia la città di Torino, prima capitale del Regno d'Italia. Nel 1865 era stato il re di casa Savoia in persona, Vittorio Emanuele II, a posare la prima pietra per la costruzione della monumentale galleria. Un progetto vinto dall'architetto Giuseppe Mengoni che – scherzo della sorte – morì il 30 dicembre del 1887 alla vigilia dell'inaugurazione.

Peccato, gli sarebbe bastato solo un giorno per roteare il piede sulle palle del toro e forse cambiare il suo destino. Ma non era un uomo di facili credenze, come si vede dall'opera che ha lasciato alla città: il coraggio di esporre a vista la struttura portante di ferro senza perdere l'eleganza dei volumi mostra una sorprendente modernità per quei tempi.

**Indirizzo** Piazza Duomo, 20121 | **Mezzi pubblici** Duomo (M1 Rossa, M3 Gialla) | **Un suggerimento** Sempre in Galleria c'è il "Camparino", lo storico bar inaugurato nel 1915 da Davide Campari dove i milanesi vanno a bere l'aperitivo. All'epoca, un impianto idraulico nella cantina consentiva il flusso di seltz ghiacciato fino al bancone della mescita. L'insegna è stata ridisegnata nel 2102 dall'artista Ugo Nespolo (www.camparino.it).

# 84 La Rotonda della Besana

*Il colosseo dei bambini nell'antico cimitero*

È strana Milano, gli edifici architettonici più rappresentativi della città sembrano essere i cimiteri. Comunque, qualunque sia la sua storia, la Rotonda della Besana è un capolavoro di eleganza e proporzioni con quel porticato ellittico che circoscrive la piazza intorno alla chiesa di San Michele ai Nuovi Sepolcri. Anche se venne costruita all'inizio del Settecento come *foppone* ("grande fossa") del vicino Ospedale Maggiore.

Dall'esterno pare un anfiteatro romano, con un perimetro di mattoni privo di spigoli che chiude la vista all'interno. Ma se fosse possibile osservarlo dall'alto ci si accorgerebbe subito che non è un cerchio, ma un quadrilatero con gli angoli arrotondati. E una vera meraviglia ci coglie se ci affacciamo all'interno, dove scopriamo una successione di colonne e archi che scandiscono lo spazio perimetrale. Una lezione del Bramante? No, un edificio tardo barocco progettato dagli architetti Attilio Arrigoni e Francesco Croce come cimitero dei poveri, poi trasformato da Napoleone in caserma, fienile, scuderia, cronicario e magazzino.

Tornato infine alla città, oggi è la sede del MUBA, il museo laboratorio per i bambini, ma è aperto a chiunque abbia voglia di godere un po' di pace dentro le mura isolate dal traffico che scorre intorno.

Dentro c'è un caffè, il bistrot e la libreria dove cercare per i propri figli un libro intelligente che non sia il solito Pegga Pig. Tantissime le iniziative, dall'atelier del design al laboratorio della narrazione, dalle scatole della memoria alle sperimentazioni teatrali.

Frugando nei contenitori disposti sugli scaffali si trovano un'infinità di materiali, perline, colle, cartoni, pezzi di ferro, legnetti, fibre con cui creare collage e solleticare le antenne dei cinque sensi. Stimoli sonori, associazioni cromatiche, riutilizzo di elementi di scarto: ecco gli utensili per una sfida alla creatività e per passare un pomeriggio in cui saranno i bambini ad accompagnare gli adulti.

**Indirizzo** Via Enrico Besana 12, 20123 – tel. 0243980402, www.muba.it | **Mezzi pubblici** Monte Nero/Spartaco (tram 9); Corso Porta Vittoria/Camera del Lavoro (tram 12, 23, 27 bus 60, 73); Besana (bus 77, 84) | **Orari** Lun 9:30-15:30, mar-ven 9:30-18:30, sab-dom 10-19 (per i laboratori consultare il sito) | **Un suggerimento** In piazza Cinque Giornate 4 c'è la storica Gelateria Umberto, un'istituzione per i milanesi. Pochi gusti e molta qualità, se non è troppo affollata ci si riesce pure a sedere (mar-dom 14-23).

# 85_Da Sadler

*Mangiare chic 'n quick a prezzi democratici*

Lui è uno chef pluristellato, ma non per questo inaccessibile. Molte volte le stelle Michelin, o le forchette del Gambero Rosso assegnate all'alta cucina, allontanano invece di avvicinare la gente ai ristoranti, soprattutto in tempi di sobrietà economica come questi. Niente di più sbagliato, deve aver pensato Claudio Sadler, creativo e affabile maître gourmet milanese che nel suo prestigioso locale sul Naviglio ha creato due ambienti, entrambi di gran classe.

Il ristorante ovviamente è curatissimo fin nei minimi dettagli, suddiviso in sale per vip e ambienti d'atmosfera, romanticamente appartati. I tavoli sono apparecchiati con porcellane di design, calici di cristallo per la degustazione dei vini e un tocco di originalità. Il piatto viene servito con stile, composto geometricamente come un'opera d'arte, tanto che è quasi un peccato sciuparlo con la forchetta. Sublime al palato tanto da non poter resistere.

Poi c'è il "Sadlerino", come lo chiamano confidenzialmente gli amici, che in realtà è la trattoria veloce Chic 'n Quick con le vetrine direttamente sulla strada. I clienti vengono numerosi anche all'ora di pranzo e, senza timore, ordinano il menù che lo chef ha curato con il suo solito rigore e un prezioso tocco di creatività. Venti euro per un primo, un secondo e un dessert (bevande escluse).

In centro a Milano è più o meno quello che si paga seduti ai tavoli di un anonimo bar, per una pastasciutta riscaldata al microonde e un'insalatona mista col mais in scatola. Alchimia di sapori ben diversa. Qui si tratta di vero socialismo gastronomico: mangiare bene, mangiare tutti.

La cultura diffusa della buona cucina non più intesa come patrimonio di una élite. E chi è veramente appassionato può cucinare con lo chef frequentando una delle tante serate dove si prepara insieme la cena e alla fine ci si siede a tavola.

Basta con i falsi pudori, Claudio Sadler ha collaborato perfino con McDonald's.

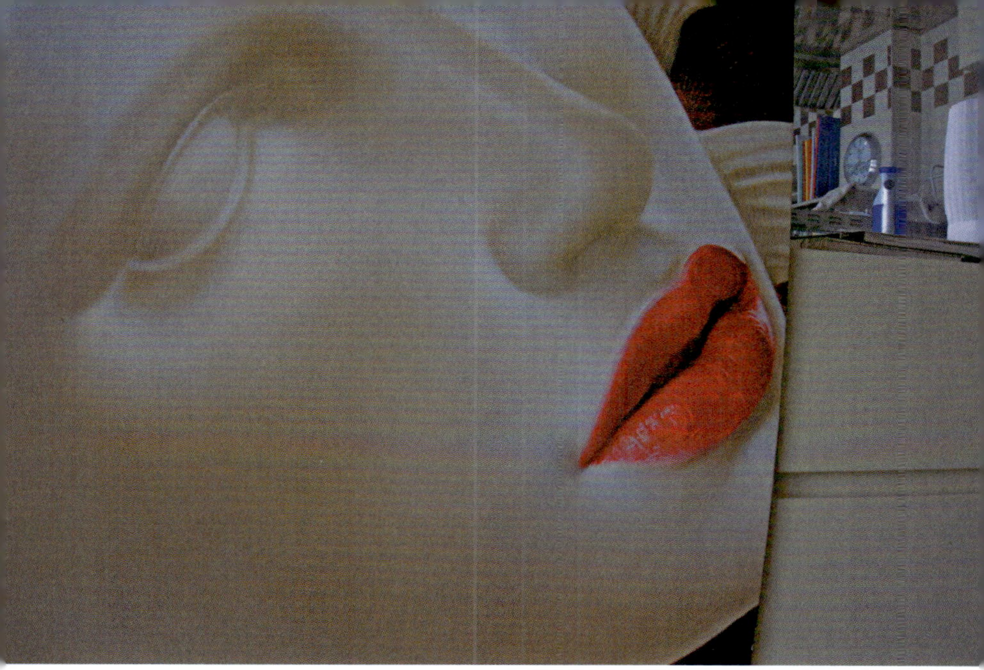

**Indirizzo** Via Ascanio Sforza 77, 20141 – tel. 0258104451 (Sadler), 0289503222 (Chic 'n Quick), www.sadler.it | **Mezzi pubblici** Romolo (M2 Verde + bus 91); Liguria (bus 51, 91); Nav. Pavese/Rimini (bus 59) | **Orari** Sadler lun-sab 19:30-23; Chic 'n Quick mar-sab 12:30-14:30/19:30-22:30, lun 19:30-22:30 | **Un suggerimento** Al n. 47 c'è un piccolo divertente locale coi tavolini sul marciapiede aperto da un surfista e da un australiano. Si chiama Burger Wave, per mangiare un panino con hamburger aborigeno.

# 86_ San Bernardino

*L'ossario rococò con i teschi in cornice*

Forse era la moda del tempo, forse l'estro del custode dell'ossario, fatto sta che un modo per organizzare tutte quelle ossa provenienti dal cimitero del vicino ospedale dei lebbrosi bisognava trovarlo. Alla fine si decise di sfruttare le nicchie alle pareti come cornici di un grande quadro macabro, e di ingentilirlo con decorazioni usando tibie umane, la cui linearità si prestava magnificamente al bizzarro disegno creativo.

Ecco come andarono le cose. A partire dal 1430 la cappella cimiteriale fu assegnata alla confraternita milanese dei Disciplini, il cui patrono era san Bernardino da Siena. In seguito ad alcune ristrutturazioni nel corso del XVII e XVIII secolo venne trasformata in una chiesa più grande, collegata alla prima attraverso un arco di trionfo. La cappella antica corrisponde all'attuale atrio d'ingresso. Da qui un corridoio porta all'interno dell'ossario.

Man mano che la gente moriva, anche a causa delle pestilenze, la "casa degli ossi", come la chiamava il popolo, si riempiva di scheletri dei malati, dei carcerati, delle vittime di assassini, dei poveracci e perfino dei nobili che non trovavano posto in sepolcri più degni. Il culto dell'ossario col tempo ebbe una notevole diffusione e probabilmente anche per questo, al momento del suo rifacimento, si pensò di valorizzare meglio l'aspetto estetico.

Tibie, costole, femori e crani vuoti vennero suddivisi e accatastati in bell'ordine in nicchie separate, incorniciate da stucchi dorati. Due colonne di teschi oggi affiancano la statua della Madonna Addolorata con ai piedi il Cristo morente sopra all'altare, tra fregi di tibie che sembrano trombe di angeli ed ex voto.

La cappella ossario è dominata dall'alto della volta dal grande affresco del pittore veneto Sebastiano Ricci che presenta il trionfo delle anime che ascendono al Paradiso, tutto circondato di teschi che occhieggiano divertiti, sporgendosi come piccioni dal cornicione sopra l'ignaro visitatore.

**Indirizzo** Piazza Santo Stefano/via Verziere 2, 20122 | **Mezzi pubblici** Duomo e San Babila (M1 Rossa), Duomo (M3 Gialla); Larga (tram 15); Sforza/Andreani (77, 94) | **Orari** Lun-ven 7:30-12, sab 7:30-12:30 | **Un suggerimento** In via Larga 2 il Gran Caffè Cimmino è davvero un gran caffè per fare colazione. Pasticceria napoletana duplicata a Milano, le sue brioche alla crema e le sfogliatelle alla ricotta sono una delizia con il cappuccino (lun-dom 6:30-20).

# 87 San Cristoforo sul Naviglio

*Appuntamento a Santiago de Compostela*

San Cristoforo sul Naviglio non ha mai perso la vocazione di proteggere i viandanti. Una tradizione che continua a vivere, come dimostrano i numerosi pellegrini che qui vengono a prendere le *credenziali* prima di affrontare il cammino di Santiago de Compostela. Situata lungo la via di transito per chi proveniva dalle campagne della Lomellina e si recava in città, accanto al vecchio ponte sul fiume, oggi la chiesa è immersa in un paesaggio quasi agreste, molto amato dalle giovani coppie che vengono qui a sposarsi, e vanta una storia importante almeno quanto gli affreschi che ne decorano l'interno.

All'inizio si trattava di un'unica semplice cappella con il tipico tetto a capanna e solo alla fine del Duecento si costruì la chiesa, a cui un secolo dopo venne aggiunto l'ospizio per i pellegrini. Dal piazzale antistante si osservano i due ingressi che rivelano l'esistenza di due cappelle affiancate. La più antica, quella di sinistra, si riconosce dal bel portale quattrocentesco con al centro un rosone gotico in cotto finemente lavorato. Mentre quella di destra è la cosiddetta Cappella Ducale fatta erigere all'inizio del XV secolo da Gian Galeazzo Visconti. In alto, a fianco allo stemma di Milano con la croce, compare il simbolo della famiglia nobile con il caratteristico biscione. S'intuisce come un tempo entrambe le facciate fossero ricche di affreschi policromi, ormai quasi scomparsi. Un Cristo benedicente d'influenza bizantina (fine XII secolo) è stato da poco restaurato sul lato sinistro dell'arco absidale della navata più antica. Alcune statue lignee di pregio, tra cui un San Cristoforo del Trecento e uno del XVI secolo, confermano, per chi avesse ancora dei dubbi, la devozione del luogo al patrono forte e robusto, protettore dei viaggiatori. Ancora oggi i milanesi amano darsi appuntamento qui, soprattutto i ciclisti che vengono a pedalare la domenica lungo il Naviglio.

Indirizzo Via San Cristoforo 3, Alzaia Naviglio Grande, 20144 – tel. 0248951413, www.chiesasancristoforo.it | Mezzi pubblici Ludovico il Moro/Pestalozzi (tram 2 e bus 324, 325, 329, 351); Ponte delle Milizie (bus 90, 91) | Orari Lun-dom 9-12/15:30-19 | Un suggerimento A pochi passi, in direzione centro, il Circolo Canottieri San Cristoforo offre caffè, ristorante all'aperto, escursioni in canoa sul Naviglio anche per i non iscritti (Alzaia Naviglio Grande 122, www.canottierisancristoforo.it).

# 88 San Maurizio al Monastero

*Tutti i colori della clausura*

Costrette a una vita da recluse all'interno del convento, le erudite monache del monastero benedettino di San Maurizio rallegravano la loro esistenza appartata viaggiando con gli occhi sulle magnifiche scene affrescate che rivestono le pareti interne della chiesa.

Entrando nella chiesa, si comprende immediatamente come mai venga definita la "Cappella sistina" di Milano. A due passi dal *Cenacolo* di Leonardo da Vinci (il maestro era allora impegnato a dipingere la *Vergine delle rocce*), il monastero di San Maurizio aveva richiamato per le sue decorazioni i migliori artisti della scuola lombarda allora disponibili, tra i quali Bernardino Luini. Non c'è da stupirsi, dato che tra gli sponsor del convento c'era Ippolita Sforza, nipote del duca di Milano Ludovico il Moro e moglie di Alessandro Bentivoglio, che aveva destinato alla clausura ben quattro delle sue figlie femmine. C'è invece da stupirsi di non trovare la fila all'ingresso di fronte a un tale capolavoro di pittura rinascimentale. Interamente colorato a tempera, il ciclo di affreschi raffigura numerose scene bibliche, paesaggi agresti, episodi riferiti alla storia della Chiesa o a personaggi potenti del casato della badessa.

La migliore aristocrazia femminile venne rinchiusa in questa prigione d'oro che comunicava con l'esterno tramite un unico sportellino posto nella parete divisoria. La chiesa, infatti, di cui una pietra riporta la data del 1503, era costituita da un'unica navata interrotta a metà da un tramezzo dipinto, che tuttavia non arrivava fino al soffitto, in modo che le monache potessero assistere alla messa senza vedere né essere viste all'esterno. Viceversa, da fuori si ascoltavano i canti polifonici delle voci femminili del coro, accompagnate dall'organo a canne dell'Antegnati, cinquecentesco anche lui. Un destino di clausura che sembra perseverare ancora oggi, dato che molti ignorano la bellezza che si cela al di là del muro.

Indirizzo Corso Magenta 13, 20123 | Mezzi pubblici Cordusio e Cairoli (M1 Rossa); Cadorna (M2 Verde); Meravigli (tram 16, 27); Largo D'Ancona (bus 50, 58, 94) | Orari Mar-dom 9:30-17:30 | Un suggerimento Di fronte c'è la bella facciata barocca di Palazzo Litta, costruito a metà del Seicento da Francesco Maria Richini per il conte Bartolomeo Arese, uno degli uomini più influenti di Milano. All'interno un sistema di cortili e un sontuoso scalone d'onore che conduce al piano nobile, oggi sede delle Ferrovie dello Stato.

# 89_ Sant'Ambroeus

*La pasticceria della Belle Époque*

Le squisite prelibatezze della Belle Époque rivivono illuminate dai grandi lampadari di vetro di Murano, tra specchi argentati e *boiserie* di legno all'interno del caffè Sant'Ambroeus. Sui banchi sono allineate le praline di cioccolata, i confetti, i pasticcini mignon, disposti come piccoli gioielli al di là del vetro. Appena varcato l'ingresso sotto i portici, un aroma delizioso di caffè arabico solletica le narici come l'incenso in una chiesa.

Siamo nel tempio della micro pasticceria, ovviamente a due passi dal Teatro alla Scala e dalla Galleria Vittorio Emanuele II. Tutto cominciò nel 1936 grazie a due maestri dolciari che avevano affinato la loro arte culinaria nei ristoranti di Parigi, ma guardavano a Vienna come riferimento colto per la cioccolateria.

È la Milano modaiola e allegra degli anni Trenta, piena di ironia e di gusto che apprezzava i dolci al cucchiaio, le torte farcite, le creme e lo strudel di mele. Le padrone di casa vi mandavano un membro della servitù a ordinare la biscotteria da servire nel proprio salotto all'ora del tè.

Oggi non è poi così diverso, quando si prenota il catering per una festa privata, si organizza una cena di gala o un pranzo di lavoro di un certo stile. Gli avventori arrivano all'ora di pranzo dalle holding della finanza, della moda e della comunicazione che hanno in pieno centro i loro uffici di rappresentanza.

Tutto sommato un caffè, anche se costa 10 centesimi in più, se lo può permettere anche la commessa del negozio di fronte, e merita davvero. Tra l'altro quei 10 centesimi comprendono il cioccolatino, di produzione propria ovviamente, servito insieme alla tazzina. Se poi è il periodo di Natale, vale la pena anche solo per annusare il profumo di panettone che qui è un vero prodigio.

Un cartello avverte che il dolce simbolo di Milano può raggiungere in 48 ore ogni casa del mondo, ma provarlo qui è tutto un altro gusto.

**Indirizzo** Corso Giacomo Matteotti 7, 20121 – tel. 0276000540 | **Mezzi pubblici** Colonne San Lorenzo (bus 94); piazza della Resistenza Partigiana (tram 2, 14) | **Orari** Lun-sab 7:45-20:30 | **Un suggerimento** In via Montenapoleone 8 (ang. via Sant'Andrea) c'è Cova, altra storica pasticceria confetteria fondata nel 1817 da un soldato di Napoleone. I suoi prodotti sono talmente rinomati che vengono falsificati come si fa con le griffe della moda, ma la vera qualità si assaggia solo qui (lun-sab 7:45-20:30).

# 90 Santa Maria “la Rossa”

*L’orgoglio di essere badessa*

La chiesa, un complesso di cascine, la biblioteca comunale, la gente del quartiere che chiacchiera sotto la tettoia di legno e mattoni davanti al piccolo bar dove la signora Carla serve il caffè: ecco il luogo d’incontro, di svago e di lettura di un quartiere sulle sponde del Naviglio Grande, trasformato in una piccola Svizzera di periferia. In certi giorni ci trovi perfino i Gruppi di Acquisto Solidale che danno appuntamento ai loro clienti portando cassette di ortaggi biologici appena raccolti.

Detta Santa Maria la Rossa probabilmente per il colore dei mattoni con cui è stata costruita, la chiesa è molto antica, ma non se ne conosce esattamente la data di nascita. Per gli storici è una stratigrafia a cielo aperto che ha origine in epoca romana, come emerge da un edificio rinvenuto durante gli scavi che ospita dei mosaici risalenti al II secolo.

Di epoca successiva (IV-VI secolo) è il sacello a croce paleocristiano visibile sotto il pavimento di vetro all’interno della chiesa. Le ulteriori aggiunte e trasformazioni avvennero in epoca carolingia, e infine la chiesa assunse l’attuale conformazione romanica nel X secolo.

Nel monastero abitavano badesse dell’ordine benedettino, alcune delle quali vengono citate in testimonianze scritte: Donna Bontà (1148), Donna Cecilia (1173) e Donna Agata (1198). Tra le molte ospiti femminili si distingue Maria de Robacarri a cui è dedicata una lapide in quanto promotrice di un importante intervento di restauro nel XIV secolo sia della struttura che degli affreschi. Più o meno negli stessi anni si andava costruendo il tratto iniziale del Naviglio che avrebbe collegato Milano a Pavia, così che nel 1455 il corteo nuziale di Tristano Sforza e Beatrice d’Este poté passare proprio da qui, facendo sosta a “Santa Maria Ruffa”. È questa la prima volta in cui viene citato il nome del luogo. Una storia che si può approfondire tra i libri della biblioteca civica ricavata nella cascina a fianco.

**Indirizzo** Via Chiesa Rossa, ingresso da via San Domenico Savio, Alzaia Naviglio Pavese, 20142 | **Mezzi pubblici** Abbiategrasso (M2 Verde, tram 15); Savio (tram 79) | **Orari** Chiesa: orario messe. Biblioteca: lun-ven 9-15, mer 15-19, sab 10-18 | **Un suggerimento** Lungo il Naviglio, 400 metri più a sud c'è la Conca Fallata, chiamata così per le sue sfortunate vicissitudini. La conca doveva consentire la navigazione fino a Pavia, progettata a metà del '500 fu completata solo nel 1819.

# 91 Santa Maria alla Fontana

*Il miracolo dell'acqua benedetta*

L'ingresso è gratuito, ma il miracolo costa 1,50 euro, se non è aumentato. Il servizio comprende i bicchierini di plastica che i fedeli possono prendere per dissetarsi. Secondo la tradizione, anche Carlo II d'Amboise, governatore di Milano all'inizio del Cinquecento, si dissetò a questa fonte e guarì dopo averne bevuto l'acqua miracolosa. La storia della sorgente taumaturgica che sgorga direttamente dalla roccia è all'origine del santuario fatto erigere sopra al sacello dove si trovava la fonte.

Guardando la facciata dell'attuale chiesa, sul lato destro c'è una scalinata che scende fino alla cappella al centro della quale si trova la vasca con gli undici beccucci di ottone da cui fuoriescono altrettanti zampilli d'acqua. Questa parte sotterranea si affaccia su un chiostro così elegante nelle sue proporzioni classicheggianti che fino a pochi anni fa si riteneva fosse stato progettato dal Bramante, attivo a Milano in quel periodo.

Fino a quando nel 1982 un archivista non ritrovò il contratto, datato 17 marzo 1508, che assegnava il progetto all'architetto Giovanni Antonio Amedeo. Gli affreschi cinquecenteschi apparterrebbero alla bottega del pittore Bernardino Luini, e molto particolari sono anche le lunette che decorano gli archi, di scuola seicentesca.

Vuoi per la credenza popolare del miracolo, vuoi perché si trattava di acqua pulita che non era sempre facile trovare, il santuario ha svolto nei secoli un'importante funzione sanitaria, soprattutto durante l'epidemia della Peste.

Anche se il leggendario miracolo non era poi andato a buon fine. Carlo II d'Amboise aveva infatti creduto di guarire dalla malattia, ma purtroppo era stata solo una ripresa temporanea. Morì quattro anni dopo, a soli 38 anni d'età.

L'acqua benedetta che un tempo sgorgava da una falda sotterranea, oggi proviene dai rubinetti dall'acquedotto civico di Milano. L'importante è avere fede.

Indirizzo Via Thaon di Revel 28, 20159 | Mezzi pubblici Zara (M3 Gialla); Stelvio/ Farini (bus 90, 92) | Orari Lun-dom 8:30-12 e 15:30-17:30 | Un suggerimento Al civico 9a di via Thaon di Revel c'è il locale spagnolo Ajoblanco famoso per le tapas, 50 varietà diverse da gustare seduti ai vecchi tavoli di legno come tradizione vuole (mar-dom 18-02, tel. 026686577).

# 92_Santa Maria della Passione

*La musica solenne degli organi gemelli*

Che emozione entrare nella basilica quando c'è il canto dei Vespri, le porte di legno si chiudono alle spalle e la chiesa tardo rinascimentale ci avvolge nella sua penombra luminosa. Quando la preghiera cantata risuona tra le pareti delle navate e le note dell'organo riportano alla memoria una devozione cristiana che risale alle origini. La voce del coro intona il suo inno di lode a Dio, un grido dell'anima, insieme drammatico e melodioso.

Normalmente, in un monastero benedettino come questo, la liturgia delle Ore scandiva il tempo della preghiera e della vita dei monaci. Oggi, quando in una chiesa come Santa Maria della Passione, seconda solo al Duomo per dimensioni, si leva il canto, gli orologi si fermano e le differenze culturali si azzerano nell'ascolto di una musica che va dritta al cuore. Questa è la magia dell'organo, anzi degli organi "gemelli" che in questa chiesa hanno una lunga tradizione.

L'organo più antico risale alla seconda metà del Cinquecento. Nel Seicento, sull'esempio del Duomo, si volle aggiungere un secondo strumento gemello a sinistra del transetto per poter suonare con una musica corale di grande solennità. La commissione venne affidata a Gian Giacomo Antegnati, lo stesso maestro artigiano che aveva realizzato l'organo del Duomo.

La cassa (il somiere) del primo organo è ancora quella originale *in cornu Epistolae*, con all'interno lo strumento costruito nel 2001 dalla ditta Mascioni per suonare musica barocca composto da due tastiere da 56 note e una pedaliera da 30.

Il secondo organo, quello del Seicento situato nella cantoria a sinistra del transetto, è stato recentemente restaurato nella parte fonica. Così che dopo tre secoli i due organi gemelli sono tornati a suonare all'unisono, o meglio a dialogare, mentre nel chiostro a fianco, dove un tempo alloggiavano i monaci, risiede il Conservatorio di Musica Giuseppe Verdi con un'importante biblioteca e collezione storica di strumenti ad arco.

**Indirizzo** Via Conservatorio 14, 20122 – www.lacappellamusicale.com | **Mezzi pubblici** San Babila (M1 Rossa); Monforte/Donizetti (bus 54, 61); Modrone (94) | **Orari** Vespri d'organo da ottobre a giugno ogni seconda domenica del mese alle 16:30 | **Un suggerimento** Sulla stradina laterale, in via Vincenzo Bellini, è da ammirare la casa dell'architetto Alfredo Campanini realizzata tra il 1904 e il 1906, uno dei più begli esempi di liberty milanese.

# 93_ Santa Maria presso San Satiro

*L'inganno del Bramante, l'abside che non c'è*

Una chiesa senza abside è inimmaginabile, deve aver pensato Donato Bramante, architetto ancora giovane ma già conosciuto. Si trovava a Milano alla fine del Quattrocento quando il duca Galeazzo Maria Sforza gli assegnò la commissione di edificare una chiesa in uno spazio davvero esiguo, e il problema non era facile da risolvere. Si trattava di un sacello del IX secolo dedicato a san Satiro, non un santo qualsiasi ma il fratello di sant'Ambrogio, patrono della città. Quindi un sito importante e, come se non bastasse, il luogo dove nel 1241 era avvenuto un miracolo: un giovane squilibrato aveva colpito con un pugnale (ancora conservato) la figura di una Madonna col bambino e la ferita aveva cominciato a sanguinare.

Il sito era diventato oggetto di una crescente devozione e il Duca ritenne che fosse giunto il momento di costruire una chiesa più grande. Il problema era che altri edifici intorno limitavano lo spazio della nuova costruzione. Bramante, aiutato nel lavoro da due colleghi, Giovanni Battagio e Giovanni Antonio Amadeo, progettò contro ogni buon senso una pianta a tre navate. L'ampiezza della navata centrale doveva eguagliare quella dei due bracci del transetto, sormontati da una volta a botte intarsiata da cassettoni policromi, citazione della basilica di Sant'Andrea costruita da Leon Battista Alberti, il teorico di riferimento del Rinascimento.

Il risultato alla fine sarà notevole, quasi pari a quello di una basilica. Con un formidabile colpo d'occhio scenografico, Bramante riuscì a disegnare un'abside dietro l'altare in soli 97 centimetri di profondità, sfruttando tutti gli studi allora esistenti sulla prospettiva. Oggi l'effetto *trompe-l'œil* è perfetto, la successione delle linee di fuga consente di ammirare la cupola da qualsiasi angolazione. Nella parte inferiore, un finto coro, realizzato in stucco dipinto, sostiene l'impalcatura del geniale inganno.

**Indirizzo** Via Torino 17, 20123 | **Mezzi pubblici** Duomo (M1 Rossa, M3 Gialla); Orefici (tram 2, 12, 14, 16, 27) | **Orari** Mar-sab 9:30-17:30, dom 14-17:30 | **Un suggerimento** Sul retro della chiesa (venendo da via Mazzini) si ha un bel colpo d'occhio sulla torre romanica (X secolo), una delle più antiche della città, e sul battistero ottagonale, sempre progettato da Bramante, che conserva all'interno dei bei fregi in terracotta.

# 94_Santeria

*Brunch e coworking, il mondo in un cortile*

Al limite della periferia, sì, ma abbastanza vicino al Politecnico, l'università scientifica, la Santeria è diventato il locale di riferimento, vagamente hipster, per i giovani eclettici e geniali che durante la settimana vivono immersi tra numeri e algoritmi.

Vengono qui la domenica per il brunch, a rilassare il cervello. Si siedono ai tavolini colorati nel cortile all'aperto che in realtà è la piazza di un micro mondo di eventi in continua evoluzione, uno spazio per ogni curiosità.

A cominciare dallo shop emozionale dove si possono cercare libri insoliti, ascoltare dischi in vinile, assistere a letture o acquistare abbigliamento non omologato di factory internazionali, proveniente da Berlino (Ucon Acrobatics e Wemoto Clothing), da Londra (Supremebeing), da Sydney (Rhythm), affiancato da creazioni di designer emergenti in uno spirito tra il bio e lo streetwear, l'eco solidale e il "piccolo è bello".

Perché qui le idee, i progetti, le opportunità non solo s'incontrano nell'ora dell'aperitivo, ma si realizzano durante il giorno sulle scrivanie dello spazio coworking dove, a prezzi contenuti, sono messi a disposizione computer, stampanti, sale per riunioni e tutto quello che serve per organizzare il proprio lavoro. Una palazzina di tre piani e un via vai di gente: dalla band musicale che fa le prove per il concerto, al vernissage della mostra fotografica, dall'équipe di designer al professionista single.

Chiunque può creare un proprio evento o partecipare a una delle tante iniziative. Tra queste, in calendario anche corsi di marketing management e comunicazione della musica. C'è chi non ha voglia di stare da solo a casa e viene solo per un caffè, portando il tablet per collegarsi al wi-fi, e chi invece si ferma a pranzo. Basta avere un po' di pazienza perché i piatti non sono precotti ma preparati sul momento. Tanto non ci si annoia, nel cortile c'è sempre qualcuno con cui chiacchierare.

**Indirizzo** Via Privata Ettore Paladini 8, 20133 – tel.0236798121, www.santeriamilano.it | **Mezzi pubblici** Don San Martino/Marescalchi (bus 54); Amedeo/Paladini (tram 5) | **Orari** Bar: mar-dom 11-22:30. Ristorante: mar-dom12:30-22 (brunch solo sab e dom, meglio prenotare) | **Un suggerimento** Vino e cioccolato declinati in varie combinazioni è la singolare proposta dell'Enoteca Diapason in via Lomellina 48. Organizza serate a tema, corsi di degustazione e incontri con i produttori (lun 15:30-19:30, mar-sab 10-13/15:30-19:30).

# 95_Le Scimmie

*Il jazz dei Navigli*

Storico locale di musica live, Scimmie non è mai invecchiato e resta tuttora uno dei principali riferimenti della movida dei Navigli. Inaugurato il 6 giugno 1981 con Karl Berger al pianoforte e Attilio Zanchi al contrabbasso, il locale venne fondato da Sergio Israel, che ancora oggi lo gestisce insieme alla moglie Monica. Nato con la mission di "portare la musica fuori dalle cantine", all'inizio era un club per patiti di jazz, a cui venivano invitati trombettisti del calibro di Enrico Rava.

Mentre batteristi e cantanti improvvisavano, gli appassionati ascoltavano sorseggiando alcol e fumando sigarette (allora era permesso) in un'atmosfera quasi familiare, visto che i frequentatori erano più o meno sempre gli stessi.

Alla fine è diventato il locale cult nella piazza live milanese. Nel senso che qui dovevi passare per diventare famoso. E qui, grazie alla sensibilità di Sergio nell'individuare nuovi talenti, sono passati davvero quelli che poi sarebbero diventati famosi, da Enzo Jannacci a Elio e le Storie Tese. Insomma, suonare qui era una garanzia di successo. Jazz, blues, rock, ma non solo: nel piccolo e agguerrito palco per un certo periodo è passato pure il cabaret.

Tantissimi gli artisti che hanno fatto vibrare gli altoparlanti con le loro voci calde e roche, accompagnandosi con chitarre scintillanti o il pianoforte, come si legge sulle locandine appese alle pareti: il polistrumentista dei Police Andy Summers, il sassofonista jazz Steve Lacy, la giovane cantautrice italiana Malika Ayane e molti altri. Ma perché parlare al passato? Poco è cambiato del locale originale, a cominciare dalla sua irriverente insegna ripresa da Nietzsche: "L'uomo è più scimmia di tutte le scimmie".

Il vecchio bancone, gli intramontabili cocktail a base di rum. Quasi ogni sera c'è un gruppo che suona e la musica continua a palpitare tra le pareti, anche se quasi non c'è più posto per gli autografi appesi al muro, talmente tanti sono i musicisti passati qui.

Indirizzo Via Ascanio Sforza 49, 20136 – tel. 0239811039/0289402874, www.scimmie.it | Mezzi pubblici Romolo (M2 Verde); Liguria (bus 91); XXIV Maggio (tram 3) | Orari Mar-dom 20-2 | Un suggerimento A due passi, in via Conchetta 20, c'è un bizzarro locale bohémien chiamato Farmacia Alcolica. Atmosfera retrò, lampadari di cristallo, orologi a cucù, mobili e bancone di marmo di un'antica farmacia (tel. 3394179159).

# 96 La scrivania di Manzoni

*A spasso coi Promessi sposi*

C'è tanto di Manzoni a Milano che non si sa da dove cominciare. A partire dalle case dove ha abitato, l'ultima delle quali, in via Morone, venne acquistata nel 1813.

A leggere la sua biografia ci si rende conto di quanto nomade sia stata la sua vita tra Lecco, Venezia e Parigi. Tuttavia, per quanto il padre, un nobile lecchese, facesse di tutto per allontanarlo dalla "dissoluta e democratica" città, Manzoni tornava sempre qui, a Milano dove era nato.

Patriota, difese con veemenza ogni rivolta contro l'invasore, come ricorda la targa in piazza San Fedele dove Manzoni arringava la folla nel 1848, e il suo impegno lo rese una figura molto amata dalla città, tanto da guadagnarsi il posto d'onore nel pantheon delle celebrità del Cimitero Monumentale.

Considerato l'inventore del romanzo storico, oggi fa quasi tenerezza osservare la piccola scrivania in noce dove lo scrittore lottava con i fantasmi della narrazione, e scriveva *I promessi sposi* ambientandolo in una Milano seicentesca sotto il dominio spagnolo, affascinante e folle durante l'epidemia della Peste. Sembra quasi di vedere arrivare la moglie Enrichetta con una tazza di tè, mentre lui intinge il pennino nel calamaio per raccontare la storia di Renzo, il contadino innamorato giunto in città dalla Porta Orientale in un giorno di sommosse.

Arrivato in piazza Duomo, Renzo scoprirà l'arroganza del potere e assisterà al triste episodio della "colonna infame", fatto realmente accaduto e oggi ricordato da una lapide nel cortile del Castello Sforzesco e nel luogo dove sorgeva la casa del barbiere "untore", ingiustamente ucciso in corso di Porta Ticinese. Nel Lazzaretto – il quartiere vicino a Porta Venezia porta ancora questo nome – Renzo finalmente ritrova l'amata Lucia, e molto altro. Un'opera grandiosa che Manzoni dedica alla sua città, nata nello studiolo affacciato sull'elegante piazza Belgioioso.

**Indirizzo** Via Gerolamo Morone 1, 20121 – tel. 0286460403, www.casadelmanzoni.it | **Mezzi pubblici** Duomo e San Babila (M1 Rossa); Duomo e Montenapoleone (M3 Gialla) | **Orari** Mar-ven (non festivi) 9-16 | **Un suggerimento** In piazza Belgioioso, e più precisamente all'interno del sontuoso palazzo Belgioioso c'è il ristorante Boeucc, uno dei più eleganti in senso "classico". Sala a colonne con soffitto a volta, pavimenti di parquet, tovaglie lunghe, bicchieri di cristallo e posate d'argento per ospiti importanti (www.boeucc.it).

# 97 Il sottomarino Toti

*Parcheggiato in città*

Come un enorme mostro marino navigava sotto il pelo dell'acqua, invisibile, con le sue 300 tonnellate di acciaio per 42 metri di lunghezza. Un cacciatore della flotta italiana, il primogenito di una nuova generazione di sottomarini spia che nella primavera del 1967 s'immergeva per la prima volta nel mare Mediterraneo. Erano i tempi della guerra fredda. Ma quando la grande balena uscì dall'acqua, dopo trent'anni di onorato servizio, e la Marina Militare decise di donare il sottomarino alla città di Milano, ebbe inizio la sfida più difficile.

La storia dell'Enrico Toti, il sottomarino S-506, appassionò tutti quanti. Il regalo infatti gettava nello scompiglio tecnici, ingegneri e addetti alla sicurezza che dovevano organizzare l'incredibile trasporto: un viaggio durato cinque anni, dalla Sicilia alla Pianura Padana, documentato con video e immagini fotografiche di grande emozione. Ebbe inizio il 1° novembre del 2000 con l'emersione al porto militare di Augusta.

Dopo alcuni restauri, il sottomarino venne trainato a Taranto e con 85 ore di navigazione raggiunse il delta del Po, all'altezza di Chioggia. La gente si affollava lungo il canale per vedere passare Toti, come tutti ormai lo chiamavano, trainato da due imbarcazioni. Il 6 maggio entrò trionfalmente a Cremona dove venne ormeggiato. Il Politecnico di Milano cominciò a studiare il trasporto via terra. I vecchi Navigli di cui Leonardo aveva perfezionato il sistema di chiuse non erano stati pensati per far transitare un gigante di quella stazza. Si cominciò con l'alleggerimento del piombo di zavorra nella parte inferiore dello scafo, e via 20 tonnellate, poi si costruì un mezzo di trasporto adeguato, 62 metri di lunghezza per 240 ruote. Alla fine il convoglio risultò largo 5 metri e alto più di 7. Milano dovette rimuovere pali, marciapiedi, semafori, linee elettriche. Toti arrivò nella notte del 13 agosto 2005 nella città esultante. A vederlo lì, parcheggiato nel museo, ci si chiede ancora come sia stato possibile.

Indirizzo Museo Nazionale della Scienza Leonardo da Vinci, via San Vittore 21, 20123 – tel. 02485551, www.museoscienza.org/toti | Mezzi pubblici Sant'Ambrogio (M2 Verde); San Vittore (bus 50); Carducci (bus 94) | Orari Mar-ven 10-18, sab-dom 10-19 | Un suggerimento In via Matteo Bandello 14 c'è la galleria di Rossana Orlandi che espone oggetti molto particolari di interior design (www.rossanaorlandi.com).

# 98_Le strade del liberty

*Le facciate artistiche del nuovo secolo*

Il nuovo secolo è il Novecento, quando il potere economico passa agli imprenditori e alle grandi famiglie industriali che formano la nuova borghesia emergente. È l'inizio di una storia che farà di Milano la capitale della finanza italiana.

Irriverenti, all'avanguardia, i nuovi imprenditori sfidano la tradizione facendo costruire in pieno centro storico palazzi eccentrici, fantasiosi, eclettici e bizzarri, decorati all'esagerazione per farne la propria residenza.

Le facciate tra via Malpighi e via Sirtori, in zona Porta Venezia, sono dei veri e propri intarsi di fregi floreali, maioliche policrome, ferri battuti intrecciati e rilievi a tutto tondo. Architetti come Giuseppe Sommaruga e Giovan Battista Bossi fanno tendenza. Insieme a loro lavora una schiera di artisti e artigiani che fanno a gara per sfoggiare con fantasia il nuovo linguaggio, che per l'appunto viene chiamato *Art Nouveau*. Saltano le vecchie categorie e con grande libertà si mescolano forme neoclassiche, eccessi barocchi e soluzioni razionali moderne. L'iconografia abbonda di spunti naturalistici e di personaggi agresti.

Passeggiando lungo il marciapiede di Casa Galimberti non si ha certo l'impressione di essere soli, a fianco di ogni finestra leggiadre coppie di figure femminili e maschili, incorniciate da alberi e filari d'uva, rivolgono il loro sguardo alla strada con sinuoso ammiccamento. Provocazione mondana di una classe dirigente che non ha soggezione nei confronti del passato e della blasonata nobiltà, ama i modi sregolati e irriverenti del liberty, ne apprezza lo stile non convenzionale e l'uso di materiali innovativi come il cemento, il ferro battuto, il vetro e la ceramica.

L'Esposizione Universale del 1906 diventa la vetrina di una città rinnovata, proiettata verso il futuro, ma anche vanitosa e mondana. Le strade dei nuovi ricchi si popolano di colori, ornamenti e sculture, che vi accompagnano e vi fanno compagnia.

**Indirizzo** Via Marcello Malpighi 3, 20129, www.duomomilano.it | **Mezzi pubblici** Porta Venezia (M1 Rossa, tram 3); Oberdan (tram 9) | **Un suggerimento** In via Paolo Frisi 2, angolo via Melzo, c'è la Biblioteca Comunale Venezia all'interno della palazzina liberty inaugurata nel 1910 per ospitare uno dei primi cinematografi di Milano.

# 99_Studio Castiglioni

*L'atelier casalingo dei fratelli designer*

Hanno cambiato la quotidianità delle famiglie italiane, colorando le nostre case da dentro. Sono i fratelli Achille e Pier Giacomo Castiglioni, affiatata coppia di designer che ha trasformato con estro e semplicità utensili da cucina e arredi domestici, dalla lampada alla radio.

"L'estetica non era mai un vezzo, mio padre era sempre attento a come veniva usato un oggetto", spiega oggi Giovanna, figlia di Achille, che insieme al fratello Carlo ha creato la fondazione. Nello studio col parquet di legno sono esposti gli oggetti disegnati in un arco di tempo che va dal primo Compasso d'Oro vinto nel 1955 alla morte di Achille nel 2002.

Progetti famosissimi, altri mai realizzati come la poltrona Cubo del 1957, allora troppo moderna per essere capita e oggi proposta da Meritalia. O la rivoluzionaria lampada Arco di Flos (1962), sostenuta da un basamento a terra, quando ancora era inconcepibile un'illuminazione da tavolo che non pendesse dal soffitto e si potesse spostare all'interno della stanza.

Prototipi sparsi in apparente disordine e un via vai di studiosi che rovistano tra cartelline, foto e disegni di 484 allestimenti, 290 oggetti creati e 190 progetti di architettura. Senza contare i modelli di cui non esiste il disegno tecnico perché venivano modificati lì per lì, creazioni di cui non si sapeva l'esistenza, aneddoti di famiglia.

Ecco l'abat-jour Gibigiana del 1972 (sempre Flos) che ha salvato il matrimonio in casa Castiglioni, perché grazie alla luce riflessa Achille finalmente poteva leggere a letto senza infastidire la moglie. Quanto è attuale il cucchiaio da maionese del 1962, oggi riproposto da Alessi, con la curvatura per pulire il barattolo?

E poi nessuno sa che furono i fratelli designer a inventare nel 1968 l'interruttore rompitratta (prodotto da VLM) con cui si accende e si spegne una lampadina. Banalità molto utile. Se non altro, con un solo euro si può avere un Castiglioni in casa.

**Indirizzo** Piazza Castello 27, 20121 – tel. 028053606, www.achillecastiglioni.it | **Mezzi pubblici** Cadorna (M2 Verde); Cairoli e Triennale (M1 Rossa); Carducci/Cadorna (bus 50, 58, 94); Buonaparte/Ricasoli (tram 1) | **Orari** Visite su prenotazione mar-ven 10-11-12, gio 18:30-19:30-20:30 | **Un suggerimento** Dell'antico palazzo del Verme, danneggiato dall'ultima guerra, resta il magnifico cortile rinascimentale. Chi non lo sa, non può immaginarlo perché si accede da un moderno condominio al n.3 di via Puccini.

# 100_La tartaruga randagia

*L'acquario fai-da-te del parco Forlanini*

Sì, il parco Forlanini ha un laghetto abbastanza fuori mano e lontano da occhi indiscreti, con la comodità che è facilmente raggiungibile in macchina grazie a un ingresso laterale. A dir la verità è difficile da scoprire, ma i milanesi lo conoscono.

È qui che arrivano le famigliole quando, dopo molte discussioni, hanno preso finalmente la decisione di liberarsi della tartaruga ormai cresciuta troppo dentro casa. Si mangia tutte le piante, l'acquario casalingo è troppo piccolo, vedrai che starà molto meglio nel lago del Forlanini con le sue "amiche": con queste parole i genitori provano a convincere i bambini renitenti.

Benché liberarle nel parco sia vietato, è da molti anni una consuetudine. Inizialmente piccolina come il pugno di una mano, col tempo la deliziosa testuggine diventa un mostro acquatico che non si riesce più a gestire. E non c'è neppure da aspettarsi che muoia, dato che una tartaruga della specie *Trachemys*, come è la maggior parte di quelle domestiche, può vivere anche 40 anni.

Comunque non sembra che qui si trovino male, anzi, il problema è che a causa dei continui rilasci la specie è invasiva e si va sostituendo all'ecosistema originario. Facendo una passeggiata a bordo lago se ne vedono a decine, soprattutto nelle giornate più calde quando prendono il sole ammucchiate sui pochi sassi lungo la riva. Sicuramente apprezzerebbero qualche altro solarium in più. Arrivano dalle paludi americane e per quanto si siano abituate alla presenza dell'uomo, preferiscono mantenere una distanza di sicurezza di una decina di metri, quanto basta.

Il prato, leggermente scosceso, è una tribuna ideale per osservare il comportamento delle tartarughe. La presenza dell'affollata colonia è uno dei tanti esempi di adattamento di specie selvatiche in un contesto urbano, e questo piace molto soprattutto ai bambini, ma chissà che qualcuno non abbia liberato nel laghetto anche anfibi meno domestici e più inquietanti.

**Indirizzo** Viale Enrico Forlanini (direzione centro) e strada Rivoltana – via Salesina, 20134 | **Mezzi pubblici** Forlanini (bus 73); Centro Saini (bus 38) | **Un suggerimento** Nel 2001 a Linate, a causa della nebbia, un aereo si scontrò con un piccolo Cessna che si trovava per sbaglio sulla pista di decollo provocando 118 vittime. Per ricordare il triste evento, nel parco Forlanini c'è una zona chiamata Bosco di Faggi dove sono stati piantati 118 alberi.

# 101 Teatro 7 Lab

*Una cucina spettacolare*

La cucina fa spettacolo lungo il marciapiede di via Thaon di Revel, soprattutto la sera quando dalle vetrine illuminate sulla strada si può sbirciare nel locale l'andirivieni dei novelli chef ai fornelli. Al centro, un bancone high tech tutto acciaio inox intorno al quale gli apprendisti si muovono tra pentole, mestoli e padelle, intenti a prepararsi la cena che alla fine consumeranno tutti insieme.

La degustazione finale, con osservazioni e commenti, è il momento *clou* della serata, ma bisogna arrivarci e di solito non avviene prima delle 11 di sera. Conviene farsi un aperitivo prima. Il tema può variare. Di solito i più frequentati sono i corsi base dedicati alla carne, al pesce, al riso, dice Silvia Barbato che gestisce il locale insieme alla sorella Maria.

Si impara a riconoscere le parti migliori del prodotto, le diverse qualità, a tagliare, preparare, marinare, pulire e infine cuocere. Tre, quattro ricette per sera. Ci pensa Roberto Cuculo, personal chef pluripremiato nonostante la giovane età, a coordinare il gruppo dei neofiti, impacciati e disordinati, fino al momento di sedersi a tavola con tanto di suspense finale, fischi e/o applausi a seconda del risultato.

Per chi si affaccia dalla strada, l'allegra combriccola sembra davvero una compagnia teatrale durante le prove di uno spettacolo che ha per scenografia una sfilata di forni incassati alla parete. Non ne parliamo quando arriva un personaggio televisivo a fare il suo *cooking show*. Ma la vera sorpresa è l'atmosfera semplice e casalinga della cucina che dispone di elettrodomestici e stoviglie familiari, come se ne troverebbero in qualsiasi casa.

Perfino i bambini golosi possono diventare mini chef. In ogni caso, bisogna mettere "le mani in pasta". Si va dal "Big bang dell'appetito", ovvero gli antipasti, al Sushi di tendenza, fino ai tradizionali agnolotti. Un laboratorio di idee per preparare una cena insolita con gli amici.

**Indirizzo** Via Giovanni Thaon di Revel 7, 20159 – tel. 0289073719/3666664427, www.teatro7.com | **Mezzi pubblici** Zara (M3 Gialla); Isola (M5 Lilla); Lambertenghi (tram 7) | **Orari** consultare il sito | **Un suggerimento** Il Deus Cafe è un locale nato in Australia dalla combinazione di tre passioni: moto, bicicletta e surf, che a Milano troviamo tutte nel cortile di via Thaon di Revel 3 (lun-dom 9:30-1, www.deuscustoms.com).

# 102_La terrazza del 39° piano

*La sfida dei grattacieli all'ombra della Madonnina*

I lavori della Veneranda Fabbrica del Duomo, cominciati alla fine del XIV secolo, si considerarono conclusi solo nel 1774 quando in cima alla guglia più alta venne posizionata una Madonnina dorata, da subito considerata il simbolo della città.

I milanesi nutrirono e nutrono tutt'ora una speciale venerazione per la "signora", al punto che venne stabilito che nessuno avrebbe potuto costruire un edificio più alto del Duomo. La cosa fu addirittura sancita nero su bianco da una legge emanata negli anni Trenta del secolo scorso: un vincolo non da poco, dato che ha impedito alla torre Branca nel '33 e alla torre Velasca nel '58 di superare i fatidici 108,5 metri di altezza.

Solo nel 1960, grazie all'inarrestabile incalzare dell'architettura moderna e a un astuto stratagemma, si riuscì finalmente a infrangere la regola. Gio Ponti aveva progettato per la Pirelli un grattacielo alto 127 metri, noto ai milanesi come il "Pirellone", che all'epoca prometteva addirittura di essere l'edificio più alto d'Europa. Per non smentire il primato d'altezza della Madonnina, il 4 aprile 1960, giorno dell'inaugurazione, se ne pose una copia sulla terrazza del grattacielo: il simbolo era salvo.

Recentemente una terza Madonnina è stata posizionata al 43° piano del palazzo della Regione Lombardia, grattacielo di 161 metri che sorge a Porta Nuova, nel quartiere ormai trasformato da avveniristiche architetture, tanto per non smentire il detto milanese per il quale ogni cosa avviene "all'ombra della Madonnina".

Dal 39° piano di questo palazzo si gode una spettacolare veduta a 360 gradi della città e, se si ha un binocolo, si può osservare la Madonnina numero 2 poco sotto il tetto del vecchio Pirellone. In realtà, contandole tutte, le madonnine sono 15. Una si trova tra le case popolari di via Val Bona 2.

C'è persino chi l'ha portata in Himalaya, sul tetto del mondo, e chi a Gerusalemme sul tetto dell'università ebraica.

**Indirizzo** Ingresso dal nucleo NIP, piazza Città di Lombardia (ang. via Francesco Restelli), 20121 – tel. 0267651 | **Mezzi pubblici** Gioia (M2 Verde), Isola (M5 Lilla); Gioia/Galvani (bus 43, 60) | **Orari** Dom 10-18 | **Un suggerimento** In via Melchiorre Gioia 35 sotto al grattacielo della Regione, c'è il nuovo locale Backery, con uno chef internazionale e maestro pasticcere di scuola siciliana. Particolarità, i giardini verticali all'interno (lun-sab 7-24, dom 7-18:30).

# 103 _ Torre Branca

*La terrazza del Fernet*

Da lontano sembra un altissimo traliccio che spunta sopra gli alberi del Parco Sempione. La Torre Littoria, oggi nota come Torre Branca, alta lo è davvero con i suoi 108 metri, una misura ragguardevole ai tempi della costruzione. Si parla del 1933, nel contesto di un'Italia che si stava riprendendo dalla Prima guerra mondiale e di una Milano in piena espansione industriale. Gli architetti Cesare Chiodi e Gio Ponti proposero una forma tronco-piramidale che sfidasse il cielo per leggerezza e solidità, interamente realizzata in tubi di acciaio prodotti dalla fabbrica Dalmine di Bergamo. Un esercizio di stile, si potrebbe dire oggi, oltre che di eleganza e di innovazione, una struttura tenuta insieme da flange e bulloni che anticipava i futuri grattacieli. 6 metri per lato alla base e 4,45 in cima. Ci vollero appena 68 giorni di lavoro, quasi un gioco da ragazzi, ma dal punto di vista progettuale molto all'avanguardia, se si pensa che ancora oggi è tra le architetture più alte della città.

Commissionata per la V Triennale di Milano, "per salire in alto", come diceva Gio Ponti, venne chiusa per inagibilità nel 1972. La famiglia Branca, nota per il suo celebre Fernet, ha deciso di restituire questo simbolo alla città.Nel 2002, in seguito a un importante intervento di restauro finanziato dalla stessa famiglia, la torre è tornata visitabile. È quindi d'obbligo oggi recarsi alla terrazza dell'ultimo piano per bere il digestivo in memoria dell'audace progetto, ormai quasi archeologia industriale. In meno di un minuto un modernissimo ascensore raggiunge il belvedere, ovviamente spettacolare, da cui si gode il panorama della città, dal Castello al Duomo con lo skyline dei nuovi grattacieli che hanno modificato il paesaggio urbano. Solo cinque persone per volta possono salire in cima, là dove nel 1939 venne installato il primo impianto trasmittente radiotelevisivo italiano. Erano i primi passi della televisione che solo dopo vent'anni entrerà nelle case. Davvero un tuffo nel passato, in un'epoca effervescente di sperimentazione e di scoperte.

**Indirizzo** Parco Sempione, viale Luigi Camoens, 20121 – tel. 023314120 | **Mezzi pubblici** Cadorna Triennale (M2 Verde) | **Orari** Estivo: mar-gio-ven 15-19/20:30-24, mer-sab-dom anche la mattina. Invernale: (15 sett-15 mag) mer 10:30-12:30/16-18:30, sab 10:30-13/ 15-18:30/20:30-24, dom 10:30-19. Chiusa in caso di maltempo | **Un suggerimento** In via Resegone 2 c'è il museo con la storia della famiglia Branca e del brand. Stemma dell'aquila all'ingresso della fabbrica e ambienti originali di cui si può vedere la distilleria, il laboratorio delle erbe ecc. (www.branca.it, tel. 028513970).

# 104_Tour in bianco e nero

*La strana cineteca di Milano 5D*

In centro, che più centro non si può, sotto i portici di piazza Diaz c'è una strana saletta tutta foderata in velluto rosso a cui si accede da un angusto corridoio male illuminato. Nessuno vi accoglie. Sulla parete di sinistra campeggiano dei cartoni sagomati che raffigurano in successione i monumenti simbolo di Milano: il Duomo, La Scala ecc.

Ci si entra con qualche titubanza, un po' disorientati dall'atmosfera vintage che sembra preludere a un teatro di quarta categoria. Tanto più incongrua se si pensa che al 15° piano dello stesso palazzo c'è la famosa Terrazza Martini, luogo fastoso di avvenimenti mondani per celebrità dello spettacolo, della finanza e della politica. Non si capisce bene in quale mondo fantasioso porti la strana galleria, che solo alla fine rivela la sua vocazione: salvare la memoria della vecchia Milano.

Il foyer con l'immancabile lampadario di cristallo che pende dal soffitto ha il bancone pieno di libri e fotografie in bianco e nero che illustrano storie di vino e di osterie, di tradizioni e di dialetti. Finalmente si entra nella sala da proiezione dove vengono presentati i documentari storici di una città che non esiste più, quando ancora i Navigli scorrevano lungo le strade di Brera fino al Tombòn de San Marc. Una Milano scapigliata e futurista con personaggi e luoghi d'altri tempi, racconti anche molto divertenti, come quello del tram "gamba di legno".

Tanti i cortometraggi d'autore di Guido Guerrasio, ricostruzioni di ambienti d'epoca, backstage di spettacoli alla Scala, cabaret e osterie anni '50. Una vastissima documentazione sempre accessibile, che non manca di sorprendere grazie ai segreti meccanismi nascosti sotto le sedute di legno della sala, così che l'effetto tridimensionale degli appositi occhialini viene amplificato dalla sensazione di terremoto che fa muovere le panche e altri effetti speciali, giocosi e irriverenti, come il vento e la pioggia. Perché qui può davvero accadere di tutto mentre si fa un tour virtuale della vecchia Milano in 5D.

**Indirizzo** Piazza Armando Diaz 7, 20121 – tel. 0249438217, www.milano-a-memoria-5d.it | **Mezzi pubblici** Duomo (M1 Rossa, M3 Gialla) | **Orari** Proiezioni: mar-ven e dom ogni ora a partire dalle 10:30 alle 16:30 (in italiano), dalle 10 alle 16 (in inglese); lun e sab dalle 16:30 alle 18:30 (italiano), dalle 16 alle18 (inglese) | **Un suggerimento** Ogni seconda domenica del mese (escluso luglio e agosto) sotto i portici si svolge la manifestazione “Vecchi libri in piazza” a cui partecipano librai antiquari provenienti da tutta Italia.

# 105_La Triennale

*Aperitivo al parco tra sculture en plain air*

*Pietra sonora*, *Bagni misteriosi*, *Luna caduta in basso*, *Continuità*, sono i nomi poetici di alcune delle sculture en plain air nel giardino della Triennale. Tredici opere, tra cui la fontana di Giorgio de Chirico (1973), i sassi di Ettore Sottsass (2005), l'omaggio di Pinuccio Sciola al critico d'arte Gillo Dorfles (2010) e anche la scala di legno dell'architetto Andreas Wenning (studio Baumraum) famoso per le sue case in cima agli alberi.

A questo angolo di Parco Sempione si accede attraverso l'edificio della Triennale, inaugurato nel 1933 sotto la direzione di Gio Ponti e Mario Sironi. Il dehors si trova nel mezzo di un praticello all'inglese.

L'erba verde e una giornata di sole fanno venir voglia di sedersi sulle tre poltrone messe lì dall'artista Gaetano Pesce (2005): le "signore" hanno forme sinuose, arrotondate, abbondanti come delle veneri del Neolitico. Si guardano l'un l'altra coi loro volumi apparentemente morbidi, se solo non fossero di bronzo. Pazienza, conviene accontentarsi delle esili seggiole del caffè all'aperto. Anche se non si tratta di sedute qualsiasi, perché a rotazione vengono utilizzate un centinaio di sedie di design, quasi un museo nel museo. Per capire le nuove tendenze bisogna darsi appuntamento qui e lustrarsi gli occhi con le tante cose belle.

La Triennale infatti è un spazio libero, aperto in tutti in sensi, con un'importante collezione di oggetti di moda e di design che si rinnova continuamente e non richiede biglietto d'ingresso. Nei suoi 12.000 metri quadrati vengono ospitate mostre temporanee (con biglietto), performance teatrali e spettacoli che spaziano in tutti i campi della creatività, tecnologie digitali comprese.

Il "nuovo" Palazzo dell'Arte disegnato da Giovanni Muzio per la V Triennale (quando venne inaugurata anche la Torre Branca), aveva come mission quella di promuovere l'unità delle arti e un rapporto intenso con gli artisti, e non ha mai cambiato vocazione.

**Indirizzo** Viale Emilio Alemagna 6, 20121 – tel. 02724341, www.triennale.it | **Mezzi pubblici** Cadorna (M2 Verde); Triennale (bus 61) | **Orari** Mar-dom 10:30-20:30, gio aperta fino alle 23 | **Un suggerimento** In piazza Cadorna c'è l'installazione *Ago filo e nodo* di Claes Oldenburg e Coosje van Bruggen (il nodo è distante alcuni metri dall'ago, a cui sarebbe unito idealmente dalla metropolitana). L'opera venne commissionata per inaugurare la nuova stazione ferroviaria (2000), ma non è stata molto apprezzata dai milanesi.

# 106 Via Bagnera

*La strada del serial killer*

La stradina più stretta del Carrobbio ha una fama nefasta, del tutto meritata, a essere sinceri. Snobbato da tutti i palazzi che gli volgono le spalle, il vicolo non conta ingressi, solo le uscite di sicurezza del cinema Eliseo.

La stradina s'incunea sul retro dell'opulenta via Torino e neppure l'occhio indiscreto di Google Maps riesce a penetrarvi. All'imbocco da via Nerino, se si spalancano le braccia si riesce quasi a toccare i muri da parte a parte. Un vero pertugio. Nonostante questo, all'uscita di via Santa Marta un meticoloso vigile urbano ha fatto dipingere sulla pavimentazione lastricata le strisce bianche pedonali, tre per l'esattezza, di più non era possibile.

L'atmosfera del vicolo è affascinante e insieme inquietante, come se da un momento all'altro dovesse sbucare fuori un brigante. Insomma, una terra di nessuno in pieno centro storico, lavagna per graffitari un po' rozzi e meta dei turisti appassionati del *noir* per via di una serie di fatti di cronaca nera.

Ma non c'è da temere, i fatti risalgono a un secolo e mezzo fa, quando da queste parti si aggirava un serial killer che per dieci anni tenne col fiato sospeso l'intera città prima di essere catturato. Le vittime – un commerciante, un uomo d'affari, un operaio, una ricca signora – venivano derubate dei soldi e fatte a pezzi, e i loro corpi vennero ritrovati in uno scantinato di via Bagnera. Lui, il mostro, era come sempre in questi casi un individuo normale. Muratore, portinaio, faccendiere e infine serial killer, sceglieva con cura le sue vittime prima conquistando la loro fiducia, poi invitandole nella macabra cantina.

Quando venne impiccato, la città tirò un sospiro di sollievo. Era l'anno 1861, e con lui si eseguì l'ultima condanna capitale decretata da un tribunale cittadino. Nemmeno oggi la stretta via Bagnera ha perso la sua aria sinistra, soprattutto quando cala la sera, come dicono i cacciatori di fantasmi.

**Indirizzo** Via Bagnera, 20123 | **Mezzi pubblici** Duomo (M1 Rossa, M3 Gialla); Torino (tram 2, 14) | **Un suggerimento** Le stradine tra Sant'Ambrogio e via San Maurilio hanno tutt'altro charme. Si respira un'aria modaiola, chic ed esclusiva, ironica e ricercata. Non a caso è chiamato il "distretto delle 5 vie". Lo spazio Wait and See della stilista Uberta Zambeletti, in via Santa Marta 14, più che un negozio è una galleria d'arte di tendenza, dove troverete cose veramente originali.

# 107_ Via Paolo Sarpi

*Il quartiere chinatown*

Tutto è cominciato con un piccolo ristorante dalle lanterne arancioni, tra la cartoleria e il vecchio droghiere, dove servivano i classici piatti di pollo con le arachidi e involtini primavera. Poi è spuntato un altro locale, poi un altro ancora, e lentamente, ma con perseveranza, la comunità cinese si è appropriata di una delle strade più autenticamente milanesi.

Quartiere borghese di case di ringhiera, dove il negoziante, il portiere, il giornalaio ancora conoscevano per nome tutti i passanti. Ma non è il caso di indulgere a nostalgie, in via Paolo Sarpi le due comunità dialogano, anche se con qualche difficoltà, e le vetrine hanno quasi tutte la scritta bilingue, con l'alfabeto latino e gli ideogrammi. La strada nel frattempo è diventata pedonale e un comitato di quartiere cura le aiuole e gli orologi a colonna con la pubblicità dai colori accesi, giallo e rosso dragone.

Si va dalle vetrine di telefonini, alla Silicon Valley dei componenti da computer, più o meno all'altezza di via Rosmini, e poi spaghetti cinesi, porporina e contenitori di cibo liofilizzato pronto per l'uso, parrucche, ma anche fazzoletti per soffiarsi il naso con il disegno dei Manga. Il senso a noi sfugge, ma è evidentemente efficace da un punto di vista commerciale.

A metà della via, nel grande Oriental Mall con la scritta in oro, due ragazze dai capelli neri, lunghi e liscissimi, mangiano durante la pausa pranzo (che in realtà non c'è) infilando le bacchette nella busta poggiata sul bancone dei reggiseni e delle t-shirt. Il negozietto vende anche collanine, cosmetici, tovaglioli per bebè, cuscini e buste rosa da lettera. A fianco c'è Hu Foods, il market alimentare.

Le casalinghe del quartiere dimostrano una certa resistenza a fare la spesa qui, nonostante la verdura provenga dall'ortomercato come quella di qualsiasi fruttivendolo. È molto più rassicurante il vecchio ferramenta o la Cappelleria Melegari al numero civico 19, modista milanese doc, qui dal 1914.

**Indirizzo** Via Paolo Sarpi, 20154 | **Mezzi pubblici** Moscova (M2 Verde); Canonica/Sarpi (bus 43, 57); Gramsci (bus 37); Bramante/Sarpi (tram 12, 14) | **Un suggerimento** In via Canonica (ang. via Moscati), c'è un'ottima gelateria siciliana, Vasavasa. Produzione artigianale con un'attenta scelta delle materie prime, che si traduce anche in eccellenti sorbetti alla frutta (lun-dom 12-24, www.vasavasa.it).

# 108_ Vicolo dei Lavandai

*Dove gli uomini lavavano i panni*

Sfatiamo un pregiudizio che vuole le donne inginocchiate in riva al torrente a strofinare la biancheria col sapone di marsiglia. Nell'Ottocento, almeno a Milano, questo non succedeva perché fare il bucato era un mestiere maschile. Le famiglie che potevano permetterselo, riempivano la cesta di panni e la consegnavano alla Confraternita dei lavandai. L'associazione risale al XVIII secolo ed era composta di soli uomini.

La confraternita poteva contare su un proprio santo protettore, sant'Antonio da Padova, a cui è dedicato uno degli altari della chiesa di Santa Maria delle Grazie, sull'Alzaia Naviglio Grande, a pochi passi dal luogo di lavoro che porta ancora il nome di vicolo dei Lavandai.

Questo angolo di Naviglio, vicino a Porta Ticinese, ha conservato qualcosa di antico. Una piazzetta senza sbocco, bordata di piante e con la pavimentazione di terra battuta su cui si affacciano altre corti e le porte dei magazzini, in dialetto milanese *sciostra*, dove venivano scaricate le merci portate dai barconi.

Sull'altro lato scorre il ruscelletto, *el fosset,* che attinge l'acqua direttamente dal Naviglio. I lavatoi sono ancora lì, disposti in successione sotto una tettoia di legno. A usarli in seguito furono le donne. Fino agli anni Cinquanta, si poteva ancora vederle arrivare coi secchi, o inginocchiate a strofinare i panni in acqua sugli stalli di pietra, come ricordano ancora i vecchi commercianti della zona. Una foto del 1957 ritrae lo scrittore Georges Simenon e sullo sfondo le lavandaie all'opera.

Già allora era considerato un angolo suggestivo della vecchia Milano che ispirava poeti e scrittori. La vecchia drogheria che vendeva spazzole, sapone e candeggina ora è un piccolo ristorante, ma l'ambiente e i soffitti sono gli stessi. Un'altra curiosità è la vecchia centrifuga primi Novecento, che si usava per l'asciugatura dei panni, all'interno di un cortile.

Indirizzo Alzaia Naviglio Grande, vicolo dei Lavandai, 20144 | Mezzi pubblici Porta Genova (M2 Verde); Cantore/Porta Genova (tram 14, 19 e bus 47, 74); Gorizia (tram 9) | Un suggerimento Si può raggiungere vicolo dei Lavandai entrando da via Vigevano 9. Una successione di bei cortili in terra battuta rivelano il fascino delle vecchie case dei Navigli. Aprendo il portoncino in fondo si sbuca sul vicolo.

# 109_ Villa Invernizzi

*Il cortile dei fenicotteri del produttore di formaggini*

Come descrivere la sorpresa d'incontrare un gruppo di fenicotteri nel centro di Milano? Passeggiano a due passi da corso Venezia, tra i grandi alberi di magnolia al di là della cancellata di ferro che circonda il giardino di villa Invernizzi.

Sì, proprio la casa dell'inventore dei formaggini Mio, quelli che tutti i bambini hanno assaggiato nella loro infanzia. Se ne stanno ritti su un'unica gamba, con il collo piegato mentre si spulciano il piumaggio rosa, affondando il becco ricurvo come se fosse la posizione più comoda del mondo.

Un incontro davvero inaspettato benché Milano, si sa, è imprevedibile e spesso rivela la sua originalità proprio nei salotti e nei cortili privati. Che in questo caso, per fortuna, sono anche in parte pubblici e consentono di ammirare i fenicotteri dal marciapiede. Una piccola folla di curiosi e di famigliole con bambini si assiepa ogni giorno alla cancellata della villa. Tanto più che il vecchio zoo dei giardini pubblici è chiuso da tempo.

La colonia si trova perfettamente a suo agio, affidata alle cure del custode che prepara gustosi manicaretti a base di crostacei. Un'alchimia delicata, perché basterebbe sbagliare dieta e gli uccelli perderebbero l'affascinante pigmentazione rosa del piumaggio.

Ormai si sono perfettamente adattati e non dimostrano alcuna intenzione di volare via. Anzi, si riproducono al tal punto che periodicamente, quando diventano troppo numerosi, l'équipe di veterinari che li segue sfoltisce il gruppo con un trasferimento in altre sedi.

Oggi quelli che si vedono sono tutti nati in cattività, ma i loro progenitori provenivano dall'Africa (*Phoenicopterus roseum*) e dall'America Latina (*Phoenicopterus chilensis* ).

La frescura in estate è garantita da un laghetto. Insomma un'oasi esotica nel cuore di Milano che sopravvive per volontà testamentaria del cavalier Invernizzi. Il cortile dei fenicotteri è ormai un patrimonio della città.

**Indirizzo** Via Cappuccini 3, 20122 | **Mezzi pubblici** Palestro (M1 Rossa); Monforte/Donizetti (bus 54, 61) | **Un suggerimento** All'angolo con via Vivaio vale la pena soffermarsi davanti alla casa Berri-Meregalli progettata all'inizio del Novecento dall'architetto Giulio Ulisse Arata, per la straordinaria ricchezza decorativa, con mosaici e figure policrome, che rappresenta la fase finale dell'esperienza del liberty.

# 110_ Villa Necchi Campiglio

*La villa troppo moderna dell'amico dei Savoia*

Nel parco si trova una piscina anni Trenta, la prima costruita a Milano. Sarebbe normale se fossimo in campagna. La sfida dei Necchi Campiglio era proprio questa, costruire una villa campestre in pieno centro storico e con tutti i comfort della modernità. 2.000 metri quadri senza limiti di budget, un vero sogno per qualsiasi architetto.

Nel 1932 ad avere questa fortuna è l'archistar del momento, Piero Portaluppi. Suo l'impianto razionalista, le soluzioni tecnologiche, il design all'avanguardia per l'epoca che dimostrano un sapiente uso di materiali nuovi, come la bellissima porta in lega di rame, zinco e argento per blindare il giardino d'inverno. Nello studiolo un grande specchio permetteva al padrone di casa di sapere in anticipo quale ospite stava entrando dal giardino.

L'industriale Angelo Campiglio viveva qui con la moglie Gigina Necchi (macchine da cucire) e la sorella di lei, Nedda. Sembra di vederli ancora lì, tutti e tre, nell'elegante ingresso pronti ad accogliere i personaggi illustri che frequentavano la residenza.

Un salotto da collezione, dove oggi sono appesi dei rarissimi quadri a colori di Giorgio Morandi. Tante le firme importanti: Sironi, Arturo Martini, De Chirico.

Eppure si ha la sensazione di essere in una casa ancora abitata. Il tappeto del fumoir è bruciacchiato dalle ultime sigarette gustate davanti al camino, mancano solo i portacenere colmi di cicche. Vien voglia di controllarsi l'abito per vedere se si è abbastanza in ordine per entrare, data la circostanza.

In effetti, la casa è stata abitata fino alla morte di Gina, nel 2001, e da allora nulla è cambiato. Troppa modernità, però, poteva stonare con alcuni amici di sangue blu. Per accontentare principi e principesse di casa Savoia, ecco al primo piano un salotto in stile Settecento, con mobili ovviamente autentici, e un paio di lussuose camere da letto. Tanto per far sentire a proprio agio gli ospiti ancora molto tradizionalisti.

**Indirizzo** Via Mozart 14, 20122 – tel. 0276340121, www.fondoambiente.it | **Mezzi pubblici** Palestro (M1 Rossa), Montenapoleone (M3 Gialla); San Damiano/Monforte (bus 54, 61, 94) | **Orari** Mer-dom 10-18 (gestita da FAI, Fondo Ambiente Italiano, conviene prenotare) | **Un suggerimento** Al numero 21 di via Mozart, c'è la casa Berri-Meregalli progettata da Giulio Ulisse Arata ( 1910-1912). L'architetto fu paragonato a Gaudí per il gusto di mescolare linguaggi diversi. Le figure della facciata sono di Rimoldi e le opere in ferro battuto del famoso fabbro Mazzuccotelli.

# 111_WOW

*Spazio al fumetto*

Il grigiore del grande viale esalta, per contrasto, la scena colorata sul muro esterno del caseggiato. Qui i murales hanno la sagoma di Pippo, Topolino, Diabolik, mentre sulla grande porta ad arco dell'ingresso dipinta di azzurro e tempestata di nuvolette bianche campeggia la scritta in rosso "WOW". Insomma: spazio al fumetto! Questo è il nome e anche il senso del museo ricavato, neanche a farlo apposta, all'interno di una ex fabbrica di panettoni che sarebbe piaciuta molto a Nonna Papera.

Il parco è popolato di sculture fantasiose, come l'allegro mostro in stile Loch Ness a fianco di una pista da skate sulla quale i ragazzi sfrecciano pericolosamente. In Italia, il fumetto, la nona arte, è ancora poco valorizzato, nonostante abbia dato i natali a molti illustratori famosi, a partire dal 1908 con l'uscita del *Corriere dei Piccoli*. Tra i nomi più noti, quello di Gian Luigi Bonelli, il papà di Tex Willer, e di Hugo Pratt.

WOW è anche uno spazio all'insegna della partecipazione, dove bambini e adulti si incontrano nei laboratori, nella sala di lettura, per disegnare o prelevare dagli scaffali il giornalino che più si desidera, da *Dragon Ball* al vecchio *Topolino* e, appunto, l'intramontabile *Tex Willer*, pubblicato senza interruzioni dal 1948.

I maestri del fumetto che passano da qui lasciano il segno, come l'artista cileno Eduardo Carrasco, detto "Mono", che ha disegnato un murales accanto al dehors della caffetteria Boom, dove appare un Paperinik alla riscossa, eroico alter ego di Paperino.

La Fondazione Fossati che gestisce il WOW, possiede un archivio storico con migliaia di libri, fumetti, film, tavole originali illustrate e perfino oggetti di merchandising che ormai sono d'antiquariato. Li espone in occasione di mostre tematiche che organizza nella sala al piano superiore. Un modo insolito per dialogare con la fantasia, tra le avventure di tanti personaggi che hanno costruito il nostro immaginario.

Indirizzo Viale Campania 12, 20133 – tel. 0249524744, www.museowow.it | Mezzi pubblici Porta Vittoria (Passante Ferroviario); Campania/Corsica (tram 27; bus 73, 90, 91, 93); Mugello/Campania (bus 45) | Orari Mar-ven 15-19, sab-dom 15-20 | Un suggerimento In viale Campania 51 (ang. piazzale Susa) c'è lo showroom di Spazio 900, vintage design che propone oggetti cult dell'arredamento anni '50-'70 (lun-sab 15:30-19:30).

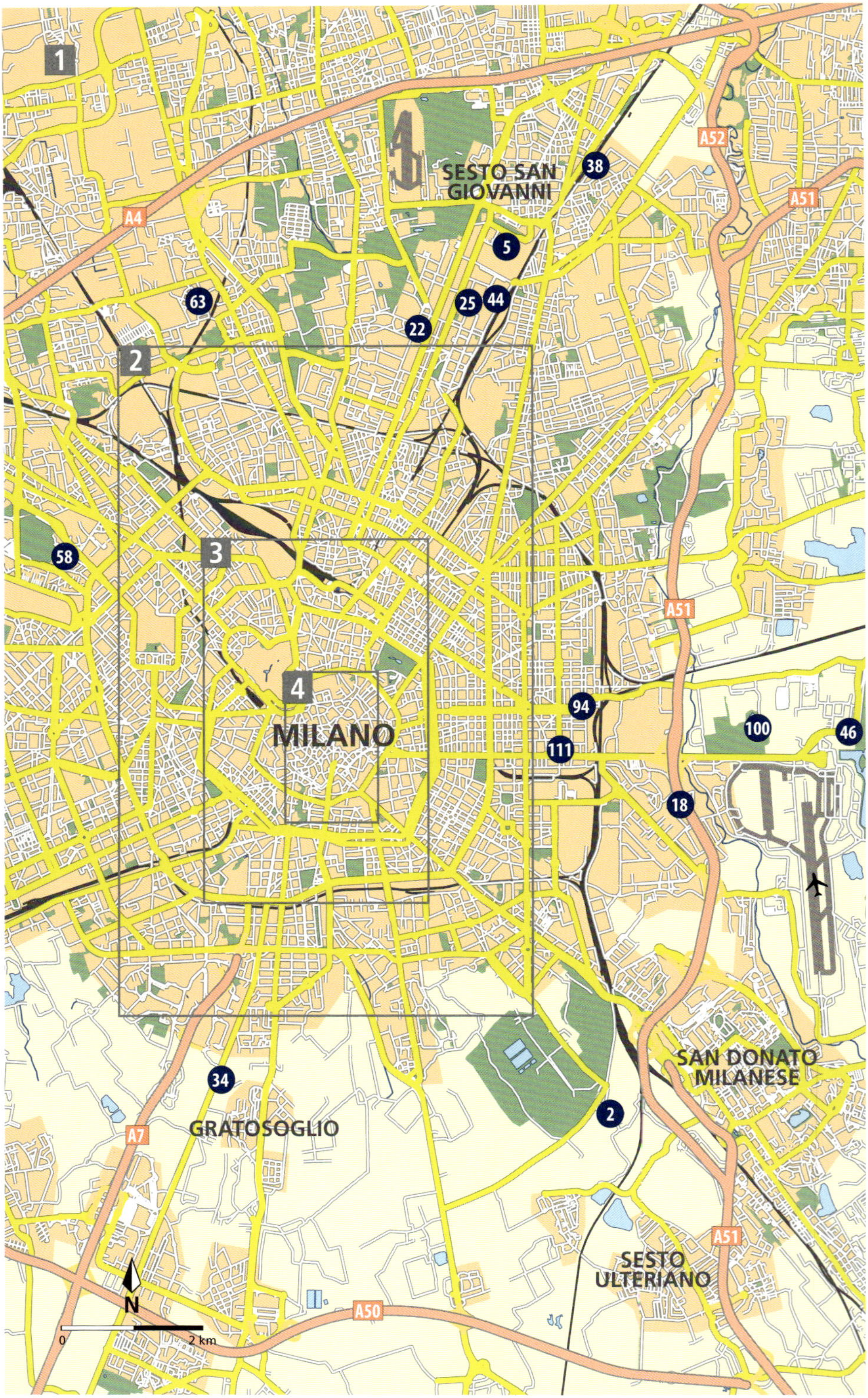
1
2
3
4
MILANO
SESTO SAN GIOVANNI
SAN DONATO MILANESE
GRATOSOGLIO
SESTO ULTERIANO
A4
A52
A51
A51
A51
A7
A50
38
5
63
25
44
22
58
94
100
46
111
18
34
2
N
0
2 km

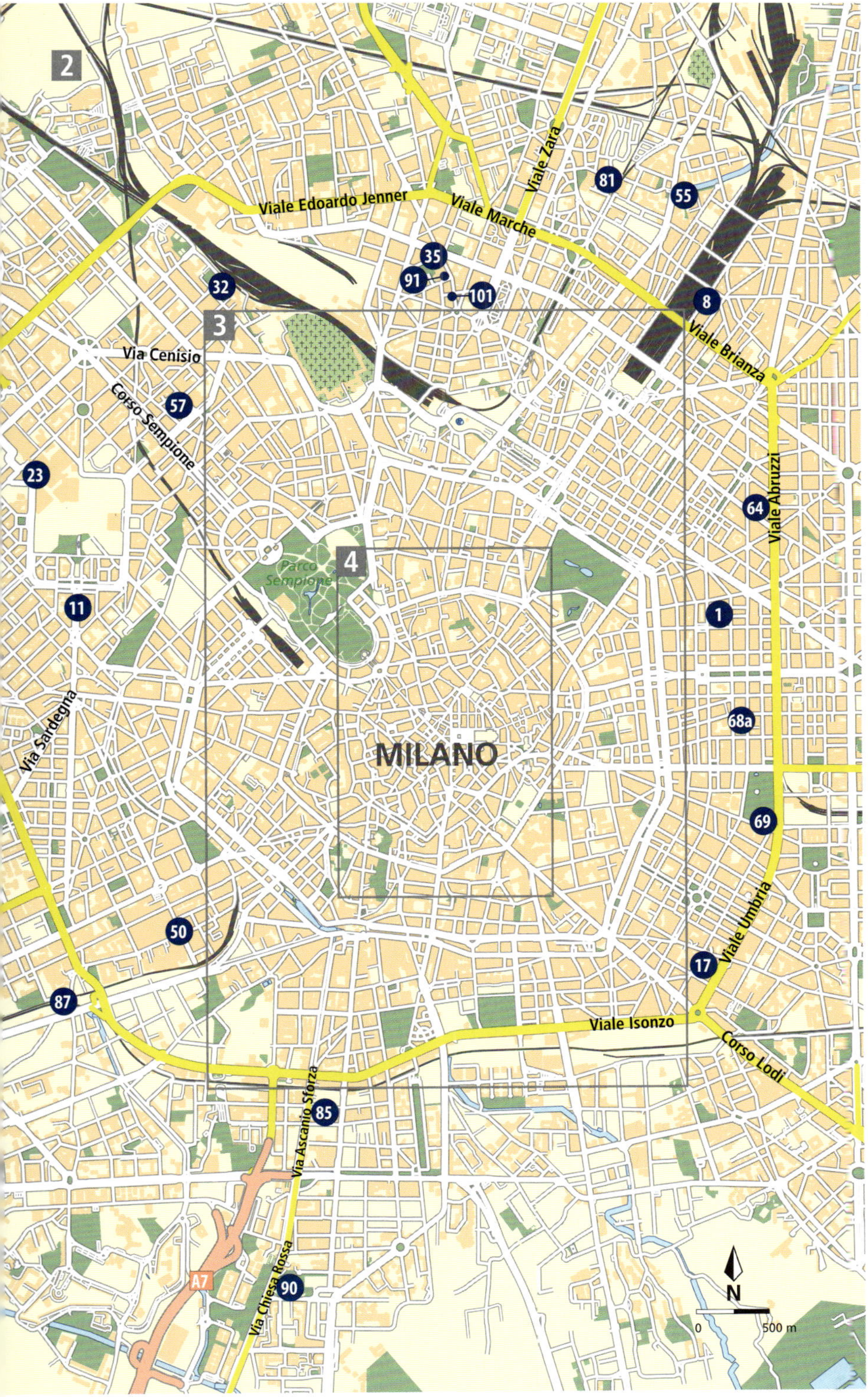
2
3
4
MILANO
Viale Edoardo Jenner
Viale Marche
Viale Zara
Viale Brianza
Viale Abruzzi
Viale Umbria
Viale Isonzo
Corso Lodi
Via Cenisio
Corso Sempione
Via Sardegna
Parco Sempione
Via Ascanio Sforza
Via Chiesa Rossa
A7
81
55
35
91
101
32
8
57
23
64
1
11
68a
69
50
17
87
85
90
N
0
500 m

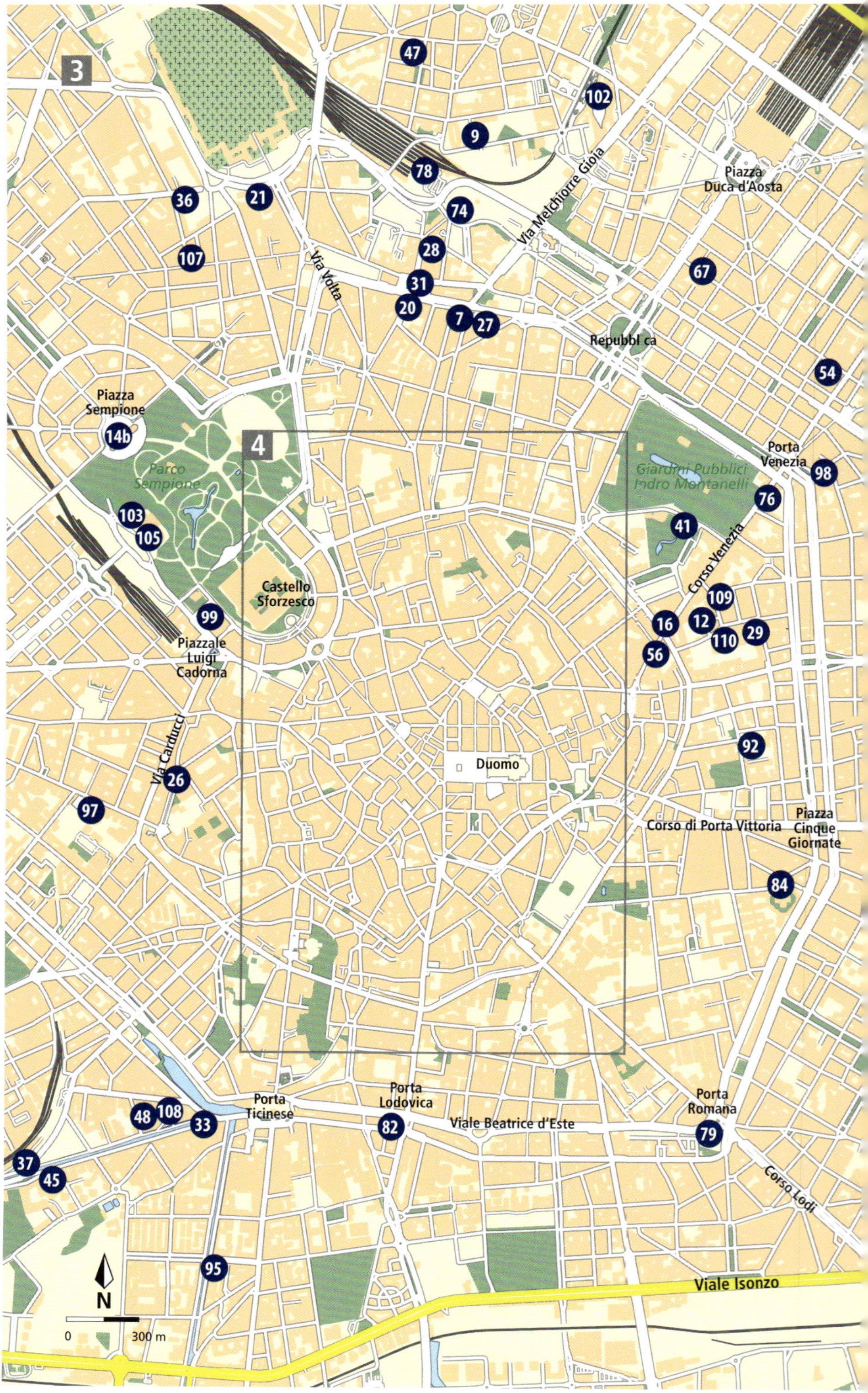
3
4
Piazza Sempione
14b
Parco Sempione
103
105
99
Piazzale Luigi Cadorna
Castello Sforzesco
Via Volta
Via Melchiorre Gioia
Piazza Duca d'Aosta
Repubbl ca
Porta Venezia
Giardini Pubblici Indro Montanelli
Corso Venezia
Via Carducci
Duomo
Corso di Porta Vittoria
Piazza Cinque Giornate
Porta Ticinese
Porta Lodovica
Viale Beatrice d'Este
Porta Romana
Corso Lodi
Viale Isonzo
47
102
9
78
74
36
21
28
107
31
20
7
27
67
54
98
76
41
109
16
12
110
29
56
92
26
97
84
48
108
33
82
79
37
45
95
N
0
300 m

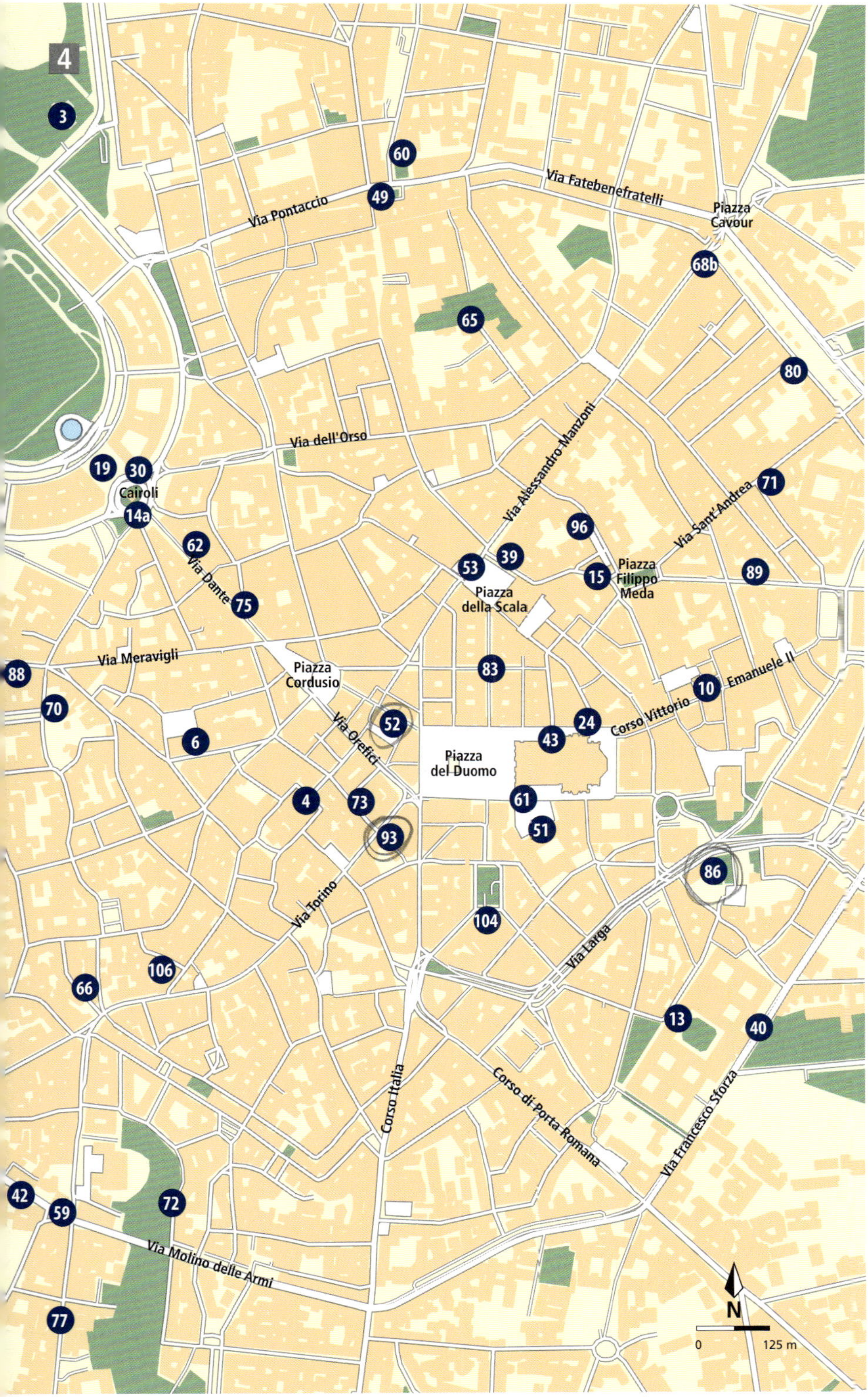
4
Via Pontaccio
Via Fatebenefratelli
Piazza Cavour
Via dell'Orso
Via Alessandro Manzoni
Via Sant'Andrea
Cairoli
Via Dante
Piazza della Scala
Piazza Filippo Meda
Via Meravigli
Piazza Cordusio
Via Orefici
Piazza del Duomo
Corso Vittorio Emanuele II
Via Torino
Via Larga
Corso Italia
Corso di Porta Romana
Via Francesco Sforza
Via Molino delle Armi
N
0
125 m
3
60
49
68b
65
80
71
96
39
53
15
89
19
30
14a
62
75
88
70
6
83
10
24
43
52
4
73
93
61
51
86
104
106
66
13
40
42
59
72
77

Annett Klingner
**111 LUOGHI DI ROMA**
**CHE DEVI PROPRIO SCOPRIRE**
ISBN 978-3-95451-471-7
14,95 Euro

Perché a Roma c'è un faro anche se il mare è lontano?
Che ci fa una testa di cervo in cima alla chiesa di Sant'Eustachio?
E che cos'è quel colpo di artiglieria che si sente a mezzogiorno?

Questa guida vi porterà in luoghi da veri intenditori: 111 chicche che vi mostreranno Roma come non l'avete mai vista, oltre le solite rotte turistiche.

"Il bello di queste guide è che sembrano non ignorare quale sia il motore primo da cui scaturisce la conoscenza autentica, profonda delle città: la curiosità". www.wuz.it

John Sykes
**111 LUOGHI DI LONDRA**
**CHE DEVI PROPRIO SCOPRIRE**
ISBN 978-3-95451-473-1
14,95 Euro

Dove si trova l'ufficio di James Bond? Come si arriva in bicicletta fino in Scozia con un tunnel sotterraneo? E chi era il vinaio che pesava i suoi clienti?

Londra è la capitale più cool del mondo, ma se cercate le mete più rinomate o i grandi musei, qui non le troverete. Qui scoprirete 111 luoghi insoliti per conoscere Londra meglio dei suoi abitanti.

Thomas Fuchs

**111 LUOGHI DI AMSTERDAM**
**CHE DEVI PROPRIO SCOPRIRE**

ISBN 978-3-95451-421-2
14,95 Euro

Avete sempre sognato di fare l’amore in un parco senza essere arrestati? O di andare dallo stesso tatuatore di Kurt Cobain e dei Red Hot Chili Peppers?

Amsterdam è la città che fa per voi e questa guida vi svelerà ogni suo segreto, dai più innocui ai più torbidi, a cominciare dalla parola d’ordine: divertirsi! Perché qui ognuno può fare ciò che vuole.

**Si ringraziano** la Veneranda Fabbrica del Duomo e della Biblioteca Ambrosiana, la Soprintendenza ai Beni Archeologici della Regione Lombardia e del Comune di Milano, i Musei civici, il Cimitero Monumentale, il FAI-Fondo Ambiente Italiano e tutti coloro che hanno collaborato alla realizzazione della guida concedendo l'autorizzazione a pubblicare un'immagine del loro sito.

*L'autrice e il fotografo*

**Giulia Castelli Gattinara,** giornalista, e **Mario Verin,** fotografo, condividono la vita e il lavoro in giro per il mondo. I loro reportage sono apparsi sulle principali riviste geografiche italiane e non solo (*Geo, Airone, Meridiani, Alp, Bell'Italia, Grands Reportages, La Repubblica* e *La Stampa*). Hanno ricevuto premi internazionali, pubblicato libri illustrati, scritto guide anche per il *Touring Club Italiano.*